결정적인 순간
힘을 발휘하는
최강의 말하기

결정적인 순간
힘을 발휘하는
최강의 말하기

1판 1쇄 펴낸 날 2019년 4월 16일

지은이 손영주
펴낸이 나성원
펴낸곳 나비의활주로

기획편집 권영선
디자인 design BIGWAVE

주소 서울시 강북구 삼양로 85길, 36
전화 070-7643-7272
팩스 02-6499-0595
전자우편 butterflyrun@naver.com
출판등록 제2010-000138호

ISBN 979-11-88230-66-2 03320

소통 전문가 손영주가 알려주는 스피치&커뮤니케이션 비법

결정적인 순간 힘을 발휘하는 최강의 말하기

손영주 지음

나비의 활주로

현대사회에서 능력은 말을 통해 표출된다. 말이 곧 능력으로 여겨지기 때문이다. 그래서 사람들은 말을 잘하고 싶어 한다.

아나운서에서 강사로, 배우로 계속 새로운 직업을 선택해왔지만 결국은 '말'이라는 하나의 맥락으로 이어지는 것 같다. 필자는 누구보다 '말'이라는 것에 대해 관심이 많았다. "어떻게 하면 말을 잘할 수 있습니까?"라는 질문을 받을 때마다 "말을 잘한다는 게 뭘까요?"라는 질문을 돌려주고 싶다. 왜냐하면 '말을 잘하고 싶다'는 바람 속에는 다양한 이유가 있기는 하지만, 단지 '어떻게 하면 유창하게 말할 수 있을까'라는 기술적인 측면만을 원하는 경향이 있기 때문이다. 생각해보면 어떤 상황에서도 막힘없이 술술 말을 풀어내는 달변가는 아니지만 사람들에게 "그 사람 말은 묘하게 설득력이 있단 말이야"라는 평판을 받는 사람도 있고, 말투는 투박해도 상대의 가슴을 울리는 사람들도 얼마든지 있다.

사람들의 마음을 두드리고, 가슴을 울리고, 귀를 기울이게 만드는 말이 '잘하는 말', '좋은 말' 아닐까? 그렇게 생각해본다면 결국 말을 잘한다는 것은 듣는 사람으로 하여금 공감대를 형성하게 하고 동의하게 하며 마음을 움직이게 하는 것, 즉 설득을 하는 것이다.

"저는 말을 잘 못해서 고민이에요"라고 하소연하는 사람들이 많지만 정작 정말로 말을 할 줄 모르는 사람은 드물다. 다만 잘해야 하고 잘하고 싶은 순간에 말을 잘 못하기 때문에 걱정이 이만저만 아닌 것이다. 이를테면 친구와 있을 때에는 말을 재미있게 잘해서 상대방을 잘 웃기게도 하지만, 낯선 자리에만 가면 입이 얼어붙어서 아무 말도 못하겠다는 사람이 의외로 많은 것처럼 말이다.

도대체 그 이유가 뭘까? 여러 가지 원인이 있겠지만 가장 큰 이유는 뜻밖에도 충분한 준비와 연습을 하지 않아서다. 천부적인 재능으로 아무 장소, 어떤 상황에서나 말을 잘하는 사람들도 있기는 하지만 대부분 낯선 장소, 처음 보는 사람, 어려운 상황에서 말문을 뗀다는 것이 쉽지 않다. 그건 당연하지 않을까? 어떻게 그런 상황에서 입이 술술 떼어질 수 있을까? 만약 "어떻게 하면 말을 잘할 수 있을까요?"라는 질문에 단호하게 답을 해야만 한다면 필자는 이렇게 말하고 싶다. "연습을 많이 하셔야 해요."

어디 가서 말 못한다는 이야기는 듣지 않는 편인 필자도 처음부터 말을 잘하는 사람은 아니었다. 그래서 아나운서가 되기 위해 많은 연습을 해야 했고, 아나운서가 되고 나서는 그보다 더 많은 연습을 매일 반복적으로 해야 했다. 이후에도 말을 하는 연습은 그칠 새가 없었다. 새로운 길을 걸어보고 싶다는 생각에 방송국을 퇴사하고 강사로서의 삶을 살게 되었을 때에도 말하기가 중요하기는 마찬가지였다. 아나운서 특유의 말하기 방식이 있는 것처럼 필자는 효과적인 강의를 위해 강사의 말하기 방식을 또 연습해야만 했다. 그리고 연극배우라는 분야에 도전을 했을 때에도 마음을 단단히 먹어야 했는데 연극배우의 발성이나 말하는 방식이 아나운서나 강사와는 또 달랐기 때문이다.

말하는 것이란 어떤 것일까에 대한 생각이 깊어지고, 계속될수록 그만큼 더 많은 것을 깨달을 수 있었다. 사실 '말을 잘하고 싶다'는 우리의 단순해 보이는 바람은 목적과 목표가 다르다는 것을 이야기하고도 싶었다. 우선 '목적'은 가치 지향적인 반면에 '목표'는 매우 구체적으로 계량화된 설정치가 있다. '왜 말을 잘하고 싶은가?'에 대해 '면접에 합격하고 싶은데 말주변이 없다'는 고민을 털어놓는 사람들에게는 분명한 목적이 있는 것이다.

이를테면 영업과 세일즈를 하는 사람들 중에서 거래처 사람들을 상대할 때 보다 더 설득력이 있게 말을 잘하고 싶다면 그건 자신이 하고 있는 일에서 성과를 높이고자 하는 목적이 있는 것이다. 또 마음에 드는 이성에게 다가서지 못하고 쭈뼛거리면서 애를 태우는 사람들이 "어떻게 말하면 이성에게 호감을 살 수 있죠?"라고 묻는다면 이성과 좋은 인간관계를 맺고 싶다는 분명한 목적을 위해 말을 잘하고 싶어 하는 것이다.

'말을 잘하고 싶다'는 욕구가 입사 면접을 통과하기 위해서라면 분명한 '목표'를 설정할 수 있다. 목표가 분명하다면 그것에 도달하기 위해 필요한 것들을 도출할 수 있고, 그 목표를 달성하기 위해 나의 강점과 약점을 파악해 계획을 세울 수 있다. 입사 면접으로 설명을 해보면 면접관에게 보이는 나 자신의 이미지와 목소리를 점검하고 파악하는 것이 첫 번째 단계이고, 면접관의 질문에 어떻게 하면 논리적으로 대답할 수 있는지를 배우는 것이 두 번째, 모니터링을 통해 면접 과정에 임하는 나의 모습을 객관적으로 관찰하고 변화하려는 노력이 세 번째 단계인 것이다. '면접에 통과하고 싶다'는 목표는 어찌 보면 행복해지기 위해 말을 잘하고 싶은 것보다는 쉬운 편이라고 할 수 있다.

아나운서에서 강사 그리고 배우로서 경력을 쌓는 동안 나름의 말하기 방식을 구축할 수 있었고, 언제부터인가 이 내용들을 한 권의 책으로 잘 정리해보고 싶다는 계획이 생겼다. 하지만 말을 하는 것에는 전문가라고 할 수 있어도 책을 내기 위해 글을 쓴다는 건 또 다른 기술과 열정이 필요했기에 '언젠가는 책을 꼭 써야지'라는 막연한 미래의 계획으로 마냥 미뤄두기만 했었던 것 같다. 그러다 몇 해 전 어느 날, 가까운 지인이 베스트셀러 작가가 되는 것을 보고 깜짝 놀라 "언제 그렇게 책을 썼어?"라고 묻게 되었고 지인에게서 여러 가지 조언을 들으며 책을 쓰고 싶다는 계획을 보다 가까운 현실로 앞당길 수 있었다.

물론 이 책을 읽으면 단번에 오바마처럼 멋진 연설가가 된다거나 오프라 윈프리처럼 훌륭한 토크 전문가나 똑 부러지게 말하는 아나운서처럼 되기는 어려울지도 모른다. 필자 또한 이 책에 있는 내용을 언제나 모두 지킨다고 말할 수 없으며, 그러하기에 계속해서 스스로를 돌아볼 수 있는 책을 만들고 싶었다. 분명한 것은 이 책을 통해 본인의 강점과 약점을 파악하고 좀 더 나은 스피치, 좀 더 긍정적인 커뮤니케이션을 하게 될 것이라는 사실이다.

좋은 말하기 책, 효과적인 스피치 기술을 알려주는 책들이 많이 출간되어 있기는 하지만 '책을 쓰고 싶다'는 필자의 생각은 더욱 커져갔다. 아나운서이자 강사 그리고 배우로서 나만이 경험하고 표현할 수 있는 것들이 어떤 사람들에게는 도움이 되지 않을까 하는 생각 때문이었다.

"이럴 때에는 이렇게 스피치를 하세요"라는 식으로 직접적인 상황에 대해 코칭하기보다는 좀 더 근본적인 소통과 관계에 대한 이야기를 나눠보고, 그것이 왜 중요한지에 대해 사람들과 함께 생각해보는 계기를 마련하고 싶다. 사람들은 입사 면접을 통과하기 위해, 혹은 사회생활의 성공을 위해 말을 잘하고 싶어 한다. 모두 맞는 말이지만 말을 잘하고 싶다는 것이야말로 보다 근본적인 바람이 아닌가 싶다. 왜냐하면 인간은 타인들과의 관계 속에서 살아갈 수밖에 없고, 그 관계를 보다 효과적이고 풍성하게 이끌어가기 위해서는 말하기가 아주 중요하기 때문이다.

흔히 말하기는 듣는 사람들 앞에서 말을 하는 '스피치'와 말을 주고받는 '커뮤니케이션'으로 나눌 수 있다. 필자는 이 책을 통해 스피치와 커뮤니케이션 모두를 이야기하려고 한다. 이 모든 말하기의 가장 근본에 깔려 있는 것은 바로 '행복한 삶을 살기 위한 바람'이라는 것을 기억했으면 한다. 이 자리를 빌려 이 책이 나오기까지 여러 가지로 도움을 주신 분들께 진심 어린 감사의 말씀을 드린다.

손영주

CONTENTS

말과 공감대,
함께할 때 비로소 완성되는 것들

연극의 막이 오르기 전 무대 뒤 분장실의 팽팽한 긴장감에 가슴이 두근
거리지만 한편으로는 연극이 시작되기를 바라는 마음이 사람을 설레
게 한다. 스태프들이 무대 위의 조명 스위치를 올리면 하나, 둘, 셋 하
고 켜지는 백열등 필라멘트의 지지직거리는 소리가 나는 좋다. 모든 것
이 하나씩 제자리에서 준비를 마치고 시작을 기다린다는 신호처럼 들린
다. '우리 이제 새로운 삶을 잠시 살아보는 거야. 준비됐어?'라고.

　그래서일까? 성능이 너무 좋아져서 단번에 켜지는 LED 전등을 보
면 가끔씩 이유도 모르게 왠지 아쉽다. 순식간에 전등이 켜져버려서 사
람들이 스위치를 올리고 전등에 불이 들어오기까지 어떤 과정이 숨어 있
는지 전혀 눈치 채지 못하게 된 것처럼 관객들의 박수 속에서 공연 하
나가 끝나면 잘 끝냈다는 안도감과 환호성에서 느끼는 기쁨 뒤에 슬그
머니 아쉬움이 따라오곤 한다. 한 편의 연극이 무대에 오르기까지 배

우와 스태프들의 땀과 노력이 다 드러나지 못하는 게 아닐까 하는 마음이 들어서다. 배우와 감독, 연출과 작가, 여러 스태프들의 노력이 합쳐져야만 한 편의 연극은 온전히 반짝반짝 빛이 나는데.

우연히 시작했던 연극이지만 한 편, 두 편 연습을 하고 공연을 하는 시간들이 쌓이면서 필자는 생각하지 못했던 것들을 적지 않게 새로이 배우고 느끼게 되었다. 아나운서와 강사로서는 접해보지 못했던 것들이다. 한 편의 연극에서 새로운 또 한 사람의 삶을 살기 때문이기도 하고, 한 연극의 일원으로 참여하며 느끼고 알게 되는 것들이 지금 내 삶을 보다 풍성하게 해주고 있기 때문이기도 하다.

방송국에서 근무할 때에도 그랬지만 아나운서로서 어떤 행사의 진행을 위해 초청이 되어 가면 거의 대부분 필자를 위한 대기실이 따로 마련되어 있었다. 그곳에 혼자 앉아서 대본도 점검하고, 멘트도 생각하면서 컨디션 조절을 하는 것이 필자에게는 당연한 것이었는데 연극은 달랐다. 흔히들 말하는 '극적'이라는 표현처럼 배우로서의 나와 아나운서 혹은 강의를 나가는 강사로서의 내가 받는 대우는 극적으로 달랐다. 연극을 처음 시작할 때에는 납득하기 어려운 일이 나에게 주어진다는 생각을 했었다. 모든 배우와 스태프들이 연극 연습에 다 함께 참여하는 것도 이해가 되지 않아서 '아니, 내가 맡은 장면만 잘 연기하면 되지, 왜 이렇게 다들 모여서 연습을 해야 하지?'라는 의문이 머릿속에서 떠나질 않았다.

아나운서로서 "노련한 진행이 돋보인다"는 평판을 받았기 때문에 배우로서도 필자가 맡은 캐릭터의 대사를 충실하게 외워서 잘 연기할 자신이 어느 정도는 있었다. 그런데 막상 연극을 시작해보니 내가 나오지도 않는 장면에서 동료 배우들이 연습하는 모습을 멍하니 지켜보라고 하는 것이었다. 내가 연기하는 장면에 출연하지 않는 배우들도 마찬가지로 그냥 그 장면들을 지켜보고 있었다.

처음에는 그 이유를 도무지 알 수가 없었다. '왜 이렇게 일을 비효율적으로 할까? 각자 자기 캐릭터 연구를 더 철저하게 하고, 대사를 열심히 연습하는 게 훨씬 낫지 않나?' 하는 의문도 들었다. 게다가 중요한 역할을 맡은 연극인데도 필자에게 다른 동료들의 의상을 다림질하는 일이 주어졌을 때에는 '텃세를 부리는 건가?' 하는 생각도 심각하게 들곤 했다. 괜히 천덕꾸러기 취급을 받는 것 같기도 했으니까 말이다. 당시 필자를 제일 힘들게 한 것은 '왜 이걸 내가 해야 하지?' 하는 의문이었다. 의상을 다림질하든 포스터를 붙이러 다니든, 얼마든지 할 수 있는 일이었지만 왜 그걸 내가 해야 하는지에 대해 납득이 가지 않았기 때문이다.

그러다 시간이 지나고 땀 흘려 노력한 한 편의 연극이 무대에 오르고, 또 다른 작품을 연습하고 관객들에게 박수를 받으며 막이 오르고 내리는 경험이 반복되면서 조금씩 그 이유를 알 수 있게 되었다. 지금은 필자가 그런 개인적인 생각을 했던 것이 부끄러울 만큼 말이다. 대부분의 연극이 주연 배우 한 명이 잘한다고 해서 성공하는 것이 아니라 출연 배우들 모두가 제 역할을 잘 소화해내고, 무대 뒤에서 스태프들이 공연하는 배우들의 서포트를 잘해주어야만 관객들에게 그 모든 것들이 전달될 수 있다는 것을 이제는 안다.

주연 배우가 대사를 하고 있을 때 그걸 듣고 있는 상대 배우가 로봇 연기를 하고 있다면 관객들이 "조연은 형편없지만 주연 때문에 좋은 작품이었어"라고 말할 리 없다. 대사를 주고받는 배우들 간의 호흡이 딱딱 맞아떨어지면 이는 고스란히 객석에 전달된다. 영화에서는 느낄 수 없는 관객과의 교감이 연극에서는 가능하다. 아마 그게 지금도 적지 않은 분들이 연극 무대를 잊지 않고 찾아주시는 이유겠지. 그렇게 주연과 조연 그리고 스태프들 모두가 함께 합을 맞추고 그것이 관객들에게 온전히 전달될 때 비로소 완성되는 생생한 예술이 연극이라는 것을 알게 되었다.

덕분에 연극을 시작한 지 7년이 넘어가고 이제 당당하게 예술인패스에 등록된 연극인이기도 한 지금, 필자는 열다섯 작품이 넘는 연극에 크고 작은 역으로 출연하고 있지만 이제는 포스터에 얼굴이 크게 나오는 주인공이든 이름 한 줄만 들어가는 스태프이든 상관하지 않게 되었다. 물론 주요 역할을 맡으면 기분 좋은 것이 사실이기는 하지만, 필자는 어떤 역할이든 소중하게 감사하는 마음으로 공연에 임할 자신이 있다. 한 편의 연극 전체를 볼 수만 있다면 어떤 장면에서 내가 입을 좀 다물어도 된다는 것이 보이고, 단 한 마디의 대사라도 관객이 공감하고 만족하는 공연이었다면 맡은 배역이 엑스트라여도 그 장면의 주연일 수도 있다는 것을 알게 됐기 때문이다.

이렇게 연극 무대에 서면서 얻은 경험들과 느끼게 된 수확들은 '말하기가 단순히 청중들에게 말을 잘 전달하는 것, 즉 스피치를 잘한다는 것에만 국한된 것이 아니라 청중들과 호흡하고 공감대를 불러일으킬 수 있는 것이어야 한다는 것이다. 상대방과 말을 주고받는 것, 즉 커뮤니케이션에 있어서도 마찬가지다. 언변이 좋은 어떤 한 사람이 일방적으로 말을 쏟아낸다고 해서 좋은 대화가 되는 것이 아니라 쌍방이 서로 대화에 참여하고 그 순간 공감을 느끼며 함께 이야기할 때 비로소 좋은 커뮤니케이션이 완성되는 것이다.

스피치 강의를 하면서 '말을 잘한다는 것'에 대해 고민을 할수록 연극과 말하기가 비슷한 부분이 참 많다는 생각을 하게 된다. 배우들의 호흡이 관객들에게 전달될 때 연극이 완성되는 것처럼 말하기 역시 듣는 사람들과의 교감에 의해 완성되고 평가되기 때문이다. 내가 만족스러워하는 완벽한 스피치가 사실 듣는 사람들에게는 심드렁한 것이었다면 그건 성공적이라고 할 수 없다.

한 편, 두 편 연극을 공연하는 경험이 쌓이면서 이러한 생각은 더욱 확실해져갔다. 의상을 다림질한다거나 포스터를 붙인다거나 하는, 연기와는 상관없어 보이는 그러한 일들을 통해서도 한 편의 연극 전체에 대해 깊은 수준의 공감이 가능하게 되었다. 그렇게 연극을 통해 필자는 상대 배우와 합을 맞춰가면서 대사를 주고받는 과정, 즉 '커뮤니케이션'의 즐거움과 본질에 대해 더 생각해보게 되었다. 그것을 지켜보는 관객들이 공감함으로써 연극이 극적으로 풍성해지는 것을 똑똑히 목격했기 때문이다. 배우라는 새로운 직업을 통해 이렇게 '함께 만들어가는 것'

에 대한 가치를 제대로 알게 된 것이 가장 큰 수확이라고 할 수 있다.

　연극과 토크쇼가 결합된 '토크 콘서트'라는 새로운 형식의 연극을 공연하면서 느낀 점은, '사람이 행복을 느끼는 것은 가족과의 식사라든가 친구와의 여행 같은 소소한 소통과 기억의 나눔을 통해서도 충분히 가능하구나' 하는 것이다.

　세상에서 나를 가장 잘 알고 있는 사람들이 바로 가족이고 친구나 지인들이겠지만 그렇게 가까운 사이에서도 말 때문에 다툼이 생기거나 불화가 일어나기도 하지 않는가. 이렇게 불통을 일으키는 갈등의 말을 피하고, 소통을 보다 더 원활하게 도와줄 수 있는 책을 쓰고 싶었다. 그리고 적어도 말을 못해 손해를 보거나, 반대로 말만 번지르르하게 해서 사람들의 마음을 다치게 만드는 일이 생기지 않도록 작은 도움이 되었으면 하는 바람을 가져본다.

1강

말하기 서론:
'말'의 중요성,
말은 오래 남는다

자기 자신의 상처를 남에게 드러낸다는 것은 누구에게든 쉽지 않은 일이다. "나는 아직도 '내려놓음'이 부족해"라며 어렵사리 꺼낸 그 사람의 아픔에 대해 다들 입이 쉽게 떨어지지 않는 모습이었다. 아마 빛나던 청춘과 젊은 시절의 그녀를, 그리고 그녀가 얼마나 널리 사랑받는 존재였는지를 기억하고 있기 때문이었겠지.

몇 해 전 TV에서 방송됐던 〈꽃보다 누나〉에서 40대 중반의 여배우 이미연 씨가 같은 길을 걷고 있는 동료 배우들과 자신들의 직업에 대해 이런저런 이야기를 하던 중 '내려놓음'이 부족하다는 고백 아닌 고백을 하는 장면이 있었다. 가장 눈부시게 아름답던 시절, 무명 배우와의 결혼 그리고 갑작스러운 이혼의 아픔을 겪으면서 그녀가 한동안 대중들의 시야에서 사라졌었다는 것을 모두들 알고 있었다. 사람들이 별다른 악의 없이 단순히 화제로 삼으면서 대화를 즐기기에 여배우의 결혼과 이혼 그리고 갑작스러운 은퇴와 같은 소재도 흔치 않을 테지만 그게 정작 당사자에게는 얼마나 큰 상처였을까? 그런 시간을 견뎌온 사람이 자신의 상처를 드러낸 것은 아마 그 상처를 누군가 어루만져주기를 바라는 마음이 조금은 있었기 때문일 것이다.

당대 최고의 인기 여배우가 자신의 아픔에 대해 눈물 없이 담담하게 고백을 하자 다들 말이 없어졌다. 어떤 말을 건네든 그것이 쉽사리 그의 마음을 어루만져주기는 쉽지 않았을 터. 그 고백과 함께 잠시 짧은 침묵이 흘렀다. 이 짧지만 무거운 정적을 깨뜨린 사람은 그녀의 까마득한 선배이자 현역 여배우로 활동 중인 윤여정 씨였다.

"40대에 그게 되면 얘, 절에 들어가야지"라며 툭 하고 던진 한마디. 민감한 사람들이라면 느꼈을 테지만 "그런가요, 선생님?"이라는 이미연 씨의 말투가 미세하게나마 톤이 올라가며 밝아졌다. 모든 작품마다 PD와 감독들이 앞다투어 주인공으로 캐스팅하려고 경쟁을 벌이던 당대 최고의 여배우가 40대라는 나이에 접어들면서 자신을 필요로 하는 작품의 수가 눈에 띄게 줄어들고, 주연보다는 조연의 자리에 서야 한다는 것을 수긍하기가 쉽지는 않았을 것이다. 그녀의 속내를 모두들 짐작하지 못하는 바가 아니었기 때문에 그런 고백에 어떤 말을 건네기가 쉽지 않았을 텐데, 가장 연장자였던 대배우 윤여정 씨가 그 말을 하고서 슬그머니 자리를 비켜주면서 대화는 다시 물 흐르듯 서로의 이야기로 이어졌다.

길어봐야 몇 분도 채 되지 않았던 그 짧은 장면에서 윤여정 씨가 한 그 말 한마디는 지금도 필자의 기억 속에 또렷하게 남아 있다. 바로 뒷 장면에서는 카메라 앞에서 "나도 67살이 처음이야. 알았으면 이렇게 안 살았겠지"라고 말하는 그녀 특유의 시니컬하지만 담담한 말투의 인터뷰가 이어졌다. 깊은 마음의 상처를 안고 있는 후배의 고민에 함께 울어주고 걱정하기보다는 툭 하고 던지는 한마디로 그녀의 마음을 어루만져주었던 것이다. '말'이란 그런 마술 같은 순간을 만들기도 한다.

아마 '시크chic하다'는 말이야말로 그녀를 설명하기에 가장 적합한 표현이 아닐까? 필자가 윤여정이라는 배우를 '시크하고 멋진 여배우'라고 생각하게 된 것은 〈꽃보다 누나〉에서 그 짧은 한마디를 들은 이후였던 것 같다. 말은 이렇게 다른 사람들에게 기억되는 아주 중요한 방식 중 하나다. 그 이야기를 이제 해볼까 한다. 사람들의 '말'에 대해.

1강 1장

'유방백세' :
좋은 말은 남는다, 오랫동안

 "Of the people, By the people, For the People국민의, 국민에 의

한, 국민을 위한……."

링컨 대통령의 게티스버그 연설은 인류가 지금까지 했던 수많은 말
과 연설들 중에서 몇 손가락 안에 꼽힐 만큼 유명한 말이다. 그가 암살범
의 총탄에 생을 마감한 지 100년이 훨씬 지난 지금 한국 사람인 나조차
도 '링컨=게티스버그 연설, 노예 해방'으로 그를 인식할 정도로.

게티스버그에서 했던 링컨의 이 유명한 연설은 결국 '노예 해방'이라
는 중대한 역사적 진보를 이끌어냈고, 그를 위대한 인물로 기억하게 만
들었다. 좋은 말이란 이렇듯 그 말을 직접 듣지 않은 사람에게까지 퍼
져나간다. "발 없는 말이 천 리를 간다"는 속담처럼 말이다. 요즘처럼 인
터넷과 SNS를 통해 실시간으로 세상의 모든 소식이 소통되는 세상에서
는 이를 더욱 실감할 수 있다.

🗨 세상을 바꾼 꿈, "I have a dream" - 마틴 루터 킹

〈꽃보다 누나〉에서 밖으로 드러내기 힘든 아픔을 어렵사리 꺼낸 후배에게 같이 눈물을 흘리는 대신 그게 자연스러운 것이라는 사실을 툭 하고 알려준 배우 윤여정 씨의 한마디 말은 이를 듣고 있던 몇몇 사람들의 마음에 무언가를 전달해주었고, TV라는 매체는 그것을 수많은 시청자들에게도 전달해주었다. 아마 그 말 한마디에 누구나 갖고 있는 '나이 먹어감'에 대한 두려움과 서글픔을 조금이나마 위로받지 않았을까? 사람의 가슴을 울리는 좋은 말은 그렇게 그 자체로 살아 있는 생명처럼 널리 퍼져나가기도 한다.

한 남자가 수많은 사람들이 모인 자리에서 "나에게는 꿈이 있습니다"라며 말을 꺼내기 시작했다.

"나에게는 꿈이 있습니다. 조지아 주의 붉은 언덕에서 노예의 후손들과 노예 주인의 후손들이 형제처럼 손을 맞잡고 나란히 앉게 되는 꿈입니다. 나에게는 꿈이 있습니다. 꿈틀거리는 불의와 억압이 존재하는 미시시피 주가 자유와 정의의 오아시스가 되는 꿈입니다. 나에게는 꿈이 있습니다. 내 아이들이 피부색을 기준으로 사람을 평가하지 않고 인격을 기준으로 사람을 평가하는 나라에서 살게 되는 꿈입니다. 지금 나에게는 그 꿈이 있습니다. 나에게는 꿈이 있습니다. 지금은 지독한 인종차별주의자들과 주지사가 간섭이니, 무효니 하는 말을 떠벌리고 있는 앨라배마 주에서 흑인 어린이들이 백인 어린이들과 형제자매처럼 손을 마주 잡을 수 있는 날이 올 것이라는 꿈입니다."

누군가 나에게 "당신은 여자이기 때문에 KTX를 탈 수 없습니다"라고 말한다면 어떤 기분일까? 아마 필자는 분명히 "기차를 타는 게 여자인 것과 무슨 관계가 있다는 거죠?"라고 쏘아붙이거나, 화가 나서 인터넷에 그 이야기를 써서 올리거나, 카톡으로 지인들에게 "황당하지 않아? 미쳤나봐"라고 단체 메시지를 보낼 게 분명하다. 그런데 만약 그런 황당한 일이 나에게만 일어나는 것이 아니라 법으로 정해져서 자주, 버젓이 일어난다면 과연 나는 어떻게 행동하게 될까?

"다들 미쳤나봐"라고 말하기는 하겠지만, 잘못된 일이니 바꿔야 한다며 행동할 수 있을까? 그것이 잘못된 일이라는 것을 주장할 경우 내게 불이익이 생길 수도 있는데 그것까지 감수하고서?

1955년 미국에서는 그런 말도 안 되는 불합리한 일이 법이라는 이름으로 일어나고 있었던 모양이다. 그해 앨라배마 주 몽고메리시 버스에서 한 흑인 여성이 백인 남성에게 자리를 양보하지 않았다는 이유로 경찰에 체포되는 사건이 벌어지자, 그 도시에서 목회활동을 하고 있던 한 젊은 목사가 그 차별적인 법의 시행에 반대하는 '버스 보이콧' 시민운동을 벌였다.

이 젊은 목사는 흑인에 대한 차별뿐만 아니라 인종 간의 갈등을 유발하는 당시의 나쁜 법과 문화, 제도들에 대해 비폭력으로 변화를 주장했고, 그런 그의 한결같고 꾸준한 행동은 1963년 미국의 수도 워싱턴에서 개최됐던 행진 행사March on Washington에서 20세기 미국을 대표하는 연설로 손꼽히는 "I have a dream나에게는 꿈이 있습니다"이라는 유명한 연설을 낳았다. 그가 바로 마틴 루터 킹 목사였다. 이날의 행사가 기폭제가 되어 인종이나 연령, 출신 지역과 같이 노력해도 고칠 수 없는 것으로 누군가를 다르게 대하는 것은 차별이고, 이는 분명히 없어져야 할 악습이라는 내용이 법으로 만들어지기 시작했다.

흑인 차별에 반대하는 20만 명의 사람들이 참여한 이날 행사에서 킹 목사가 했던 연설은 파장이 그만큼 대단해서 그때까지도 인종차별 금지에 소극적이었던 상당수의 백인 지식인들까지도 동참하게 만들었다. 또 당시 대통령이었던 존 F. 케네디가 인권 법안과 차별 금지 법안에 서명하는 계기가 되었다고 한다. 다른 어록도 상당수 남길 만큼 달변가로 유명한 마틴 루터 킹 목사가 "I have a dream"이라는 쉽고 단순한 문장의 연설이 아니라 철학적이면서도 지적 능력이 돋보이는 전문적인 용어를 써서 연설을 했더라면 과연 어땠을까?

우리가 흔히 말하는 '인종' 간의 차이를 과학자들은 어떻게 설명하는지에 대한 글을 읽은 적이 있다. (《허핑턴포스트코리아》, 인종과 인종차별의 놀라운 '과학')

'구체적인 측정법을 사용해 유전학자들은 다양한 포유류 집단들 사이의 차이를 측정할 수 있다. (Fst 스코어라는 단위가 있다. 0부터 1까지에 이르며, 1은 완전히 다른 종을 의미한다) 유전학자가 어느 포유류 집단을 진정한 변종으로 간주하려면 Fst 스코어가 0.30은 되어야 한다. 서로 다른 코요테들은 0.40이며, 침팬지 집단들은 0.70 정도의 유전자 분화를 보인다. 인간들의 스코어는 0.156에 불과하다.'

만약 마틴 루터 킹 목사가 이렇게 전문적인 용어를 유창하게 구사하면서 연설했더라면 우리가 과연 기억을 할 수 있었을까? 뒤에서 다시 이야기하겠지만 말을 하는 사람은 말을 듣는 사람의 입장에 서서 자신의 말이 어떻게 들릴지에 대해 진지하게 고민해볼 필요가 있다. 말하는 사람은 자기가 말하려고 하는 내용에 대해 잘 알고 있고, 자기 머릿속에 들어 있는 것을 입 밖으로 꺼내는 것이지만 그 말을 듣고 있는 사람은 그렇지 않기 때문이다.

잘 알지 못하거나 굳이 듣고 싶어 하지도 않는 내용의 말을 사람들이 선뜻 이해해줄 것이라고 생각하면 큰 오산이다. 그래서 말은 쉽고, 분명하게 표현할 필요가 있다. 가만히 듣고 있으면 머릿속에 내용이 들어오는 쉽고 명쾌한 말로 이야기하는 습관과 훈련은 말을 잘하고 싶은 사람들에게 반드시 필요하다. "나에게는 꿈이 있습니다"라는 마틴 루터 킹의 연설은 쉽고 간결하면서도 듣는 사람들의 마음을 울리는 좋은 예시로 지금까지도 우리들의 마음에 남아 있다.

💬 케냐 출신 아버지의 아들, 미국 대통령이 되다 - 버락 오바마

링컨의 게티스버그 연설이나 킹 목사의 연설처럼 사람들이 기억하는 좋은 말에는 몇 가지 특징이 있다. 그중 가장 특징적인 것은 앞서 말한 것처럼 누구나 쉽게 이해할 수 있는 단순 명료한 단어를 사용했다는 것이다. 또 한 가지, 그들은 마치 심장에서 말을 꺼내 하나하나 정성을 들이는 것처럼 자신만의 목소리와 어조로 표현을 했다. 그러기까지 아마 엄청난 연습을 하지 않았을까 생각된다. 보다 더 효과적으로 전달할 수 있는 목소리 톤을 찾았을 것이고, 그것을 몸에 익힐 때까지 반복하고 또 반복하지 않았을까. 그만큼 노력했기에 그 내용에 대한 확신이 우러나와 듣는 사람들에게도 고스란히 전달되었을 것이다.

2004년 미국 대통령 선거에서 민주당 후보였던 존 케리보다 더 빛이 났던 미국 전 대통령 버락 오바마에 대한 이야기를 조금 해보자.(《프레시안》, "연설은 좀 하는데 상원은 잘 몰라요") 2008년 힐러리 클린턴을 누르고 미국 최초의 흑인 대통령에 당선된 오바마는 흑인 아버지와 백인 어머니 사이에서 태어났다. 그의 출생지는 하와이였고, 인도네시아에서 자랐다. 캘리포니아와 뉴욕에서 대학을 다녔으며, 정치가로서 입지를 다졌던 제2의 고향은 시카고였다.

특정 지역을 기반으로 성장하는 것이 일반적인 정치인으로서는 결코 좋은 성장 과정이 아니었지만, '오바마는 뜨내기다'라는 빌미가 될 수 있는 이러한 불리한 여건을 자신만의 강점으로 승화시켜 전당대회의 주인공이 될 수 있었다. "미국에서 태어났기 때문에 가능했던 내 이야기"라고 설명했던 오바마가 2004년 민주당 전당대회에서 했던 연설의 일부를 잠시 살펴보도록 하자.

"이 자리에 서게 되어 영광입니다. 이건 아주 놀라운 일입니다. 내 아버지는 케냐의 작은 마을에서 나고 자란 뒤 하와이로 유학 온 학생이었습니다. 어머니는 지구 반대편인 미국 캔자스에서 태어났습니다. 내 부모님은 서로에 대한 사랑과 미국에 대한 믿음을 공유하고 있었습니다. 이 자리에 선 나는 내 인생 이야기가 미국의 이야기에 속해 있음을, 내가 선조들에게 빚이 있음을, 내 이야기가 다른 나라에서 불가능했음을 알고 있습니다.

역경 속에서도 희망을 잃지 맙시다. 불안 속에서도 담대한 희망을 가집시다.

부모님이 나눴던 믿음은 우리 모두 한 국가의 국민으로 이어져 있다는 것입니다. 내가 살고 있는 시카고 사우스 사이드의 아이가 글을 모른다면 내 아이가 아니라도 나는 걱정이 됩니다. 아랍계 미국인이 부당하게 가택 수색을 당한다면 나의 자유도 위협을 받습니다. 나에게는 근본적인 신념이 있습니다. 나는 내 형제와 자매의 보호자이고, 그런 생각이 미국을 움직인다는 신념입니다.

나는 이렇게 말하고 싶습니다. 진보적인 미국, 보수적인 미국은 없습니다. 미합중국이 있을 뿐입니다. 흑인의 미국, 백인의 미국, 라틴계의 미국, 아시아계의 미국이 아니라 미합중국입니다. 역경 속에서도 희망을 잃지 맙시다. 불안 속에서도 담대한 희망을 가집시다. 우리 모두는 성조기에 충성을 맹세하고 미합중국을 지키는 미국인입니다.”

어떤 이들은 '정치란 시궁창에서 피어나는 꽃'이라고 말한다지만, 사람들이 정치가에게 기대하는 말이란 결국 착잡한 현실 속에서도 희망을 갖게 해주는 것이 아닐까 하는 생각을 해본다. 분명 현실은 흑인의 미국이 있고, 또 보수적인 미국도 존재하겠지만 오바마가 청중들에게 주려는 메시지는 누구라도 이해할 수 있는 것이었다. 이런 내용의 말을 오바마만이 할 수 있는 것은 아니었을 테지만 사람들이 그의 연설을 듣고 깊은 감동을 했다는 것이 중요하다. 결국 이날의 성공적인 연설을 계기로 오바마는 상원의원이 됐고, 4년 후 미국의 대통령이 되었다. 이날의 연설이 대통령 당선이라는 큰 성취를 일궈낸 중요한 시작점이었던 것이다. 그래서 정치인이라면 누구라도 할 수 있을 법한 그의 연설이 분주하고 번잡스러운 전당대회를 조용하게 만들고, 까탈스럽고 꼬투리 잡기를 즐기는 정치평론가들의 눈길을 사로잡을 수 있었던 이유에 대해 우리는 관심을 가질 필요가 있다.

그 첫 번째 이유는 흑인 사회와 백인 사회가 겹쳐져 있던 그의 출생과 가정환경 그리고 성장배경을 자신만의 스토리로 녹여낸 것에 있을 것이다. 전형적인 백인 정치가가 '흑인의 미국'을 말한다면 이를 곧이곧대로 받아들이기가 쉽지 않았겠지만 백인 어머니에, 흑인 아버지의 아들이었기 때문에 그의 메시지에 더욱 힘이 실렸을 것이다. 두 번째 이유는 버락 오바마가 당시 했던 연설이 그날 처음 한 것이 아니라는 사실이다. "흑인의 미국이나 진보의 미국이 아니라 미합중국이다"라는 그의 연설은 오바마가 하원의원에 출마했던 2000년 당시부터 계속하던 가두연설이었다. 그의 하원의원 선거운동을 함께 했던 동료들은 TV를 통해 생중계되던 전당대회에서의 연설을 그대로 따라 말할 수 있을 정도였다고 한다.

몇 해 전 "어떻게 하면 연설을 잘할 수 있을까요?"라는 고민을 털어놓았던 한 정치 지망생이 문득 생각났다. 그때 필자는 "달달 외워서 하는 말과 머리로 충분히 이해를 거친 후에 하는 말은 다르다. 그리고 머리로 이해한 말과 가슴으로 그것을 절절하게 느끼며 하는 말은 분명히 다르다"라고 조언을 해주었다. 왜냐하면 누군가의 말을 듣는 우리들은 이성과 감성이 동시에 존재하고, 영적인 감동과 따뜻한 사연에 눈물을 흘릴 줄 아는 존재들이기 때문이다. 머리로 이해한 말과 가슴으로 느끼며 하는 말의 차이는 너무나 크다. 결국 말을 잘하고 싶다면 충분히 이해를 해야 하고, 거기에서 한발 더 나아가 가슴으로 그것을 느껴야 한다.

💬 딜레마를 피하는 슬기 – 윈스턴 처칠

"왜 말을 잘하고 싶으신 거죠?"라는 질문을 하면 대부분 '뭐, 이런 질문을 해? 당연한 것 아니야?' 하고 반응한다. 하지만 조금 더 구체적으로 "말을 잘하고 싶은 이유가 무엇일까요?"라고 다시 질문을 하면 사람들의 표정은 대번에 진지해진다. '말'에 대한 결핍을 크게 느끼고 있기 때문에 필자를 만나고 있는 것일 테니까. 그만큼 타인과 주고받는 말은 부담스럽기 마련이다. 사소한 말실수로 오해를 불러일으키거나 그로 인해 갈등과 싸움이 시작되기도 한다. 말은 그렇듯 사람들을 다치게도 하고, 힘들게도 만든다.

이를테면 건전하고 생산적인 결과를 낳기 위해 하는 대화가 아니라 상대방을 공격하고 상처를 주기 위해 대화를 해야 하는 상황에 빠지게 되는 경우가 종종 있다. 특히나 정치와 관련된 TV 토론을 보다 보면 '원래 하려던 이야기가 뭐였지?' 싶을 정도로 본질이 아닌 지엽말단적인 이야기로 꼬투리를 잡고 핏대를 세우는 사람들을 자주 보게 된다. 이렇게 서로에게 상처를 주고, 대화가 아니라 상대방을 이기기 위해 소모적인 말싸움을 하는 상황에서 말 한마디로 슬기롭게 빠져나온 사람들에 대한 이야기는 '어떻게 하면 말을 잘할 수 있을까?'를 고민하는 우리들에게 좋은 참고가 될 수 있다.

　유명한 영국의 정치가이자 문학가이기도 한 윈스턴 처칠이 하원의원 선거에 처음 출마를 했을 때 이런 인신공격을 받았다고 한다. 처칠과 경쟁을 다투던 상대 후보가 "처칠 씨는 아침에 일찍 일어나지 못하는 사람이라고 하는데 그게 사실이라면 게으른 사람이 어떻게 의회에서 일을 할 수 있겠는가?"라고 질문을 하자 처칠은 천연덕스러운 표정으로 이렇게 말을 했다고 한다. "나처럼 예쁜 아내가 있다면 여러분들도 아침에 일찍 일어나기 힘들 겁니다." 이 말을 들은 사람들은 모두 껄껄거리면서 웃고 말았다고 한다. 처칠의 아내가 정말로 미인이었는지는 모르겠지만 처칠의 그 한마디는 정책에 대한 합당한 의견 제시가 아니라 단지 상대방을 흠집 내는 데에만 치중하는 불편한 대화에서 어떻게 하면 멋지게 빠져나올 수 있는지를 보여주는 좋은 사례가 될 수 있다.

　처칠의 촌철살인과 같은 그 한마디는 '참, 슬기로운 사람이었던 모양이다'라는 생각을 하게 한다. 윈스턴 처칠은 그렇게 성공적으로 정계에 데뷔를 했고, 정치 역정이 계속되는 동안 위트 넘치는 그의 말에 대한 기록들은 지금도 사람들 사이에서 회자되고 있다.

상처를 주려는 목적으로 내뱉는 말에 슬기롭게 대처한 사례가 많은데, 그중 특히 기억에 남는 에피소드가 하나 있다. 고 노무현 대통령은 평생 많은 공격을 받은 정치인 중 한 명인데, 그중에서 장인어른에 대한 논란으로도 공격을 많이 받았다. 한국전쟁 당시 노 대통령의 장인이 저질렀다는 어떤 행위에 대해 책임을 묻는 것이었는데, 차분히 생각을 해보면 논란이 된다는 사실 자체가 그다지 의미가 없는 인신공격에 지나지 않는다는 것을 알 수 있다. 결혼도 하지 않은 과거, 장인이 어떠한 잘못을 저질렀다고 하더라도 그걸 사위가 어떻게 책임질 수 있다는 말인가? 이 논쟁이 첨예하게 일었을 당시 노 대통령의 지지자들과 반대자들 사이에서 격렬하게 논쟁이 붙었는데 정작 노 대통령은 이 한마디 말로 그 소모적인 논쟁에서 벗어날 수 있었다. "그럼 아내를 버리란 말입니까?"

상식을 갖고 있는 사람이라면 이런 대답에 대해 어떤 반론을 펼칠 수 있을까? 공격을 할 빌미가 필요했던 사람들이라면 "논란을 잠재우기 위해서는 이혼하시라"고 이야기했을 리도 만무할 테니까 말이다. 노 대통령을 지지하지 않는 한 지인도 그 말을 듣고서 무릎을 탁 쳤다고 한다. '참으로 슬기로운 말이다'라면서. 꼬투리를 잡기 위한 소모적인 논쟁은 어떤 대답을 한다고 해도 또 다른 빌미로 연결되는 전형적인 딜레마에 빠지게 하는데 그걸 절묘하게 피해낼 수 있었기 때문이다. 윈스턴 처칠이나 고 노무현 대통령의 짧은 에피소드에서 우리는 소모적인 논쟁에 휘말려 감정과 에너지를 낭비하지 않으면서도 사람들에게 상처를 주지 않는 말하기에 대해 배울 수 있다.

🗣️ 타이슨과 알리의 장외 대결, 그 승자는?

지금은 그 인기가 예전 같지 않지만 권투를 좋아하는 사람들이 은근히 많다. 주먹이 보이지도 않을 듯한 빠른 펀치로 자기보다 훨씬 덩치 큰 상대방을 KO 시키는 것을 보면서 사람들은 환호를 하곤 한다.

언젠가 한 남자분이 권투 이야기를 하기에 "누구를 좋아하세요?"라고 물어봤는데, '타이슨'과 '알리' 말고는 아는 이름이 없어서 대화가 성겁게 끊어졌던 기억이 난다. 타이슨의 시합은 어렸을 적 TV에서 몇 번 본 기억이 있다. 아마 채널이 몇 개 없어 어쩔 수 없이 그 경기를 봤을 테지만 그때의 짧은 기억으로도 타이슨의 주먹은 정말로 무시무시하게 느껴졌다. 그보다 훨씬 크고 우악스럽게 생긴 선수들이 그의 주먹 한두 방에 그냥 통나무 쓰러지듯 링에 쓰러지는 모습이었다. 타이슨은 권투 역사상 손꼽히는 강력한 권투 선수였는데, 만약 권투에 관심이 없는 사람들에게 타이슨에 대한 이야기를 꺼내야 한다면 어떻게 하는 것이 좋을까? 타이슨을 아는 사람이라면 쉽게 공통의 화제를 찾아낼 수 있겠지만 그를 모르고 권투에도 관심이 없는 사람에게는 아마 설명하기가 쉽지 않을 것이다. 하지만 또 다른 권투 선수인 무하마드 알리에 대해 설명을 해보라고 한다면 훨씬 수월할 것이다. 왜냐하면 우리는 알리의 유명한 말을 한 번쯤 들어봤기 때문이다.

"나비처럼 날아서 벌처럼 쏜다.Floats like a butterfly, Sting like a bee."

세계 챔피언에 도전하는 중요한 경기를 앞두고 알리가 기자들에게 했던 말인데, 그 말만 들어도 링 위에서 알리가 어떤 모습으로 권투를 했을지 생생하게 장면이 그려지는 느낌이 들 정도다. 이 말은 지금까지도 여러 가지 상황에 응용되고 있다.

지금까지 간략하게나마 그들을 기억하게 만든 말에 대해 살펴봤다. 누군가를 기억하고 인식하게 만드는 몇 가지 방법들 중에서 분명 큰 부분을 차지하는 것이 바로 '말'이다.

역사상 가장 위대한 인물 중 하나로 손꼽히는 링컨 대통령이나 인종차별이라는 뿌리 깊은 불합리에서 벗어나게 만든 주인공인 마틴 루터 킹 목사, 그리고 오바마, 윈스턴 처칠, 위대한 권투선수 무하마드 알리의 말을 기억해보자. '사람들에게 생생하게 기억되는 말을 하고 싶다'는 우리의 바람을 어떻게 성취할 수 있을지 그 힌트를 얻을 수 있을 것이다.

보편타당한 주제를 가슴으로 절실하게 느끼고 그것을 쉬운 표현으로 반복해서 연습하고 훈련하자. 상대방을 이기거나 망신주려는 말, 상처 주는 말을 피하고 눈앞에 보이는 것처럼 생생한 표현을 고민해보자.

'말'은 그 사람을 기억하게 하는 매우 중요한 수단이다. 말은 침묵하고 있는 사람들의 가슴을 끓어오르게 만들어 좋은 사회로 바꾸는 원동력이 되기도 하고, 아웃사이더를 사람들의 입에서 오르내리고 환대받는 주인공으로 만들기도 하며 옴짝달싹할 수 없는 함정에서 벗어날 수 있는 힘이 되기도 한다. 사람들에게 이렇게 긍정적인 영향을 끼치고, 세상을 좋은 곳으로 만드는 데 기여하는 '말'을 하기 위해서는 들끓어오르는 감정을 가라앉히고 상황과 그 본질을 차분히 들여다보는 자세가 필요하다.

▶▶ 마틴 루터 킹의 말에서 배울 점

당신이 사용하는 마이크는 기대하는 만큼 고성능이 아닐 것이고, 당신의 말을 듣고 있는 사람들은 당신에 대해 별로 관심이 없을 수 있다. 초등학생들도 무슨 말인지 알아들을 수 있을 만큼 쉽게 말하라. 그래야 사람들이 이해하고 공감할 수 있다. "나에게는 꿈이 있습니다. I have a dream." 누군들 이루고자 하는 꿈 하나 없겠는가. 이 말을 이해 못할 정도라면 다른 사람을 설득하는 게 더 현명할 것이다. 쉬운 말로 간결하게 표현하자.

▶▶ 오바마의 말에서 배울 점

주인공이 아니라 엑스트라여서 불만이라고? 할리우드 명예의 거리에 이름이 쓰여 있는 대스타들도 그렇게 시작했다. 당신에게 주어진 짧은 순간을 단번에 장악할 수 있도록 철저하게 준비하고, 또 준비하면서 때를 기다려라. 반복하고, 또 반복하면서 몸에 익혀야 한다. 그러면 목소리에도 자신감이 붙고 그것을 듣는 사람들에게도 고스란히 전달된다.

▶▶ 윈스턴 처칠의 말에서 배울 점

평정심을 잃은 상태에서 하는 말이 원하는 결과를 가져오는 경우는 없다. 상황을 모면하기 위한 말이 아니라 본질로 바로 다가서는 말이야말로 얄팍한 함정을 깨뜨리는 강한 힘을 가진다. "나처럼 예쁜 아내가 있다면 여러분들도 아침에 일어나기 힘들 겁니다."

▶▶ 무하마드 알리의 말에서 배울 점

타이슨의 주먹이 더 센지, 알리의 주먹이 더 센지에 대해서는 대답하기 어렵지만, "누가 더 유명해?"라는 질문에는 의외로 쉽게 대답할 수 있다. 권투 팬이 아니라도 "나비처럼 날아서 벌처럼 쏜다"라는 말을 한 번쯤은 들어봤을 테니까. 눈에 보이고 손에 잡힐 듯 생생하게 말해보자.

'유취만년':
나쁜 말도 남는다, 훨씬 오래

좋은 말이란 그 사람을 기억하게 만든다. 반대로 잘못 내뱉은 말 혹은 상처를 주는 나쁜 말 역시 그 사람을 오래도록 기억하게 만든다. '참 나쁜 사람이었어'라고 말이다. 말이란 그렇게 어떤 특정 인물에 대한 생각을 규정지어버리는 중요한 역할을 한다. 의도하지 않은 실수 혹은 사려 깊지 않음으로 인해 누군가에게 나쁜 존재로 기억된다면 얼마나 슬플까. 어쩌면 필자 또한 누군가에게는 나쁜 사람으로 기억되고 있을 테지. 만약 그렇다면 이번 기회에 미안하다는 말을 전하고 싶다.

'좋은 말', '훌륭한 연설'이 사람들에게 퍼져나가는 것처럼 '나쁜 말', '작은 말실수'도 두고두고 그 사람을 규정짓고 얽어매는 굴레가 되기도 한다. 그래서 말은 내뱉기 전에 필터를 거쳐야만 한다. 한 TV 예능 프로그램에서 "키가 180cm가 못 되는 남자는 루저loser, 패배자"라는 말을 했던 한 여성 출연자는 '남혐', '여혐'과 같은 가슴 아픈 현실을 촉발시킨 상징이 되어 지금까지도 공격의 대상이 되고 있다. 벌써 10년도 더 지난 작은 말실수였을 뿐인데 말이다. 말 한마디, 한마디를 조심하고 사려 깊게 해야 한다는 옛 어른들의 말씀에 진심 어린 공감을 하게 된다.

🗨 "눈 감고도 칠 수 있었다", 억울한 이치로

언젠가 돈을 잘 버는 남편에게 불만이 많은 어떤 주부를 만난 적이 있는데, 그때 문득 남태평양의 어떤 부족이 사용하는 말에는 조사助詞가 없다는 이야기가 떠올랐다. 우리말은 딱 한 글자인 조사 하나 때문에 완전히 다른 느낌의 말이 될 수 있다. 즉, 조사 한 개만 달리해도 그 의미가 전혀 달라진다.

"우리 남편이 돈을 잘 번다."
"우리 남편이 돈은 잘 번다."
"우리 남편이 돈도 잘 번다."

첫 번째 문장에 비해 두 번째 문장은 '돈이 전부가 아니다'라는 시니컬한 감정을 대뜸 느낄 수 있다. 반면 세 번째 문장은 두 번째 문장과는 전혀 다른 느낌을 준다. 같은 말도 어떻게 하느냐에 따라 참 다르게 다가온다. 그리고 보면 "아 다르고 어 다르다"는 속담은 정말로 경험에서 우러나온 지혜로운 말이로구나 싶다.

단 한 글자 때문에 느낌이 전혀 달라질 수 있는데 한번 내뱉으면 주워 담을 수 없는 말은 얼마나 오해를 불러일으키기 쉬운 것인지 새삼 말하기의 어려움이 느껴진다. 특히나 전달되는 과정에서 오해나 부주의 혹은 상대의 악의적인 생각 때문에 나의 말이 왜곡된다면 얼마나 억울할까. 실제로 우리 주변에서 일어났던 해프닝 하나를 살펴보도록 하자.

몇 해 전 국가 간 야구 대항전인 WBC World Baseball Classic에서의 한 인터뷰 때문에 '이치로의 30년 망언'이라는 논란을 낳았던 일본의 스즈키 이치로 선수가 LA 다저스의 류현진 선수에게 홈런을 친 후 "류현진의 공을 눈 감고 쳤다 just closed my eyes and swung"라는 망언을 해 논란거리가 된 적이 있다. WBC에서의 30년 발언 후 우리 대표팀이 극적으로 일본 대표팀을 꺾으면서 "말을 함부로 하더니 꼴좋게 되었다"며 통쾌해하는 사람들이 많았는데, 류현진 선수에게서 홈런을 빼앗고는 저런 이야기를 했다는 것이 언론보도를 통해 알려지자 야구 팬들은 또 흥분하기 시작했다.

그런데 논란을 일으킨 이치로 선수의 그 발언이 알고 보니 언론들의 실수와 과열 경쟁이 빚은 촌극이었다는 사실이 뒤늦게 알려졌다. "눈을 감고 쳤다"고 최초로 보도한 언론사가 경기 후의 인터뷰에서 이런저런 질문 도중 홈런을 친 것에 대해 물어봤고, 그것에 대해 설명한 영어 인터뷰 중에서 저 부분만을 똑 떼어다가 직역했기 때문이었다. 영어 인터뷰 전문을 읽어보면 그 의미가 상당히 다르다는 사실을 알 수 있다. '홈런을 치기는 했지만 특별히 다르게 친 것은 아니었고, 그냥 과감하게 휘둘렀다'는 뜻으로 한 말이 언론사들의 과열 경쟁으로 인해 수

많은 경기 중 한 경기에서 홈런을 친 야구 선수를 '여전히 정신 못 차리는 이치로'로 만들어버리는 촌극을 빚게 했던 것이다. 무슨 일이 있어도 일본에게만은 질 수 없다는 오랜 경쟁의식이 만든 웃지 못할 에피소드인 셈이다.

'말'이라는 주제에 대해 누구보다 관심이 많은 필자로서는 스즈키 이치로 선수에 대한 언론의 연이은 오보와 그로 인해 만들어지는 우리나라 사람들의 폭발적인 관심을 보면서 '어떻게 하면 오해의 소지 없이 말을 전달할 수 있을까?'라는 생각을 자연스럽게 하게 되었다. 이는 '어떻게 하면 누가 들어도 오해가 없도록 마치 그림을 그리듯 선명하게 말을 할 수 있을까?' 하는 생각을 해보는 계기가 되기도 했다. 보편타당한 주제를 가슴으로 충분히 느끼고, 그것을 반복해서 연습하고, 눈에 보일 듯한 생생한 표현으로 말을 하면 사람들에게 언제까지나 기억되는 좋은 말의 주인공이 될 수 있다. 하지만 그만큼의 경지에 오르기까지 우리는 분명히 수많은 말실수를 하게 된다.

말이라는 것은 예민하고 조심스럽게 대해야만 하기 때문에 "한 번 더 생각하고 말을 하라"는 옛 어른들의 충고를 늘 마음에 담아두고 있어야 한다. 왜냐하면 내가 하지 않은 말도 누군가에 의해 '했다'고 단정지어지는 시대에 살고 있기 때문이다. 스즈키 이치로 선수의 말이 빚은 촌극은 우리가 아무리 주의를 기울인다고 하더라도 상대방의 몰이해나 나쁜 의도에 의해 우리의 말이 왜곡돼서 다른 사람들에게 전달될 수도 있다는 불편한 현실을 보여주고 있다.

어쩌면 스피치를 그럴듯하게 하는 것은 어렵지 않을 수 있다. 연습만 죽어라 하면 어느 정도의 스킬은 가질 수 있게 될 테니까. 하지만 그렇게 겉만 번지르르한 말을 누가 좋은 말이라고 하겠으며, '말을 잘하는 사람이구나' 하고 생각하겠는가. 결국 '말이라는 것은 한번 쏟아지면 주워 담을 수 없는 물처럼 굉장히 조심스럽게 공을 들여야 한다'는 익숙하지만 새삼스러운 결론에 도달하게 된다.

필자가 진행해온 토크 콘서트나 숱하게 했던 스피치 코칭에서 누군가에게 상처를 받은 사람들의 이야기를 들어보면 거의 모두가 결국 '말' 때문이었다. 무심코 던진 한마디가 듣는 사람에게는 씻을 수 없는 상처가 돼서 인생을 괴롭히는 나쁜 기억이 되기도 한다. 실제로 "왜 그렇게 노래를 못해요?"라는 한마디 말 때문에 사람들 앞에서 노래를 하지 못하게 되었다는 분의 이야기를 가슴 절절하게 들은 적이 있다. 그런 핀잔을 준 사람이 일부러 작정을 하고 그런 말을 내뱉은 것은 아니었겠지만 그 말을 들은 당사자는 분명 상처를 받았다. 말을 할 때 얼마나 많은 주의와 정성이 필요한지 생각해보게 하는 대목이다. 이 책을 통해 '말을 정말 조심스럽게 해야겠구나' 하는 생각을 하게 된다면 그것만으로도 필자는 충분히 보람을 느낄 수 있을 것 같다. '말'이란 결국 모든 사람이 흔하게 사용하는 도구이지만 날이 시퍼렇게 서 있는 칼과 같아서 자칫 잘못 다루면 사람을 크게 해치는 흉기가 될 수 있는 것이다.

미국의 한 대학에서는 'Words can hurt'라는 캠페인을 펼치기도 했는데, 그중 특히 인상 깊었던 부분은 'My language, My choice'라는 서브 슬

로건이었다. 내 입에서 나오는 나쁜 말, 사람을 다치게 하는 격한 말은 결국 나의 선택일 뿐이니까 말이다.

🗨️ "술은 마셨지만 음주 운전은 하지 않았다", 인기 가수의 몰락

한 시대를 풍미하던 인기 절정의 아이돌 가수가 초췌한 모습으로 기자들의 플래시 세례를 받고 있었다. 거한 술자리를 좋게 마무리 짓지 못하고 음주 운전을 하다가 그만 교통사고를 내서 경찰에 검거됐기 때문이었다. 인기 연예인이나 유명 인사가 음주 운전으로 곤욕을 치르는 일은 드물지 않게 일어난다. 그런데 인기 아이돌 그룹의 가수였던 K씨는 그 일로 10년이 넘는 오랜 시간 동안 두고두고 사람들의 입에서 회자되며 놀림을 받게 되었다. 왜냐하면 그가 기자들 앞에서 실언을 했기 때문이었다. "왜 음주 운전을 했느냐? 사고의 경위는 어떻게 되나? 피해자와 합의는 했느냐?" 등 기자들의 신랄한 질문이 한꺼번에 쏟아지는 탓에 경황이 없어서였는지는 모르겠지만 K씨는 "술을 마시기는 했지만 음주 운전을 하지는 않았다"는 희대의 말을 남겼다.

그 후 "밥은 먹었지만 식사는 하지 않았다", "배팅은 했지만 도박은 아니다", "라이브를 했지만 노래를 부르지는 않았다", "결혼은 했지만 유부남은 아니다"와 같은 수많은 패러디를 낳으며 유사한 일만 일어나면 그는 사람들의 기억에서 소환되는 운명에 빠지게 되었다. 한 예능 프로그램에 출연한 자리에서 K씨가 달관한 표정으로 그 발언의 내막에 대해 해명을 하기는 했지만 이미 기차는 떠나버린 뒤였다. 오래전 TV에서 "순간의 선택이 10년을 좌우한다"는 CF의 대사가 사람들에게 인기를 끌었는데, 이 가수의 한마디도 그의 10년을 '뻥사마'라 놀림받게 만들었던 것이다.

🗨 "잘못된 관행이었지만 사과드린다", 분노를 키우는 말

일 년 중 낮의 길이가 가장 길다는 하지의 정오에는 그림자가 거의 보이지 않을 정도로 작게 드리운다. 그 이유는 태양이 바로 머리 위에 떠 있기 때문이다. 하지만 그림자가 잘 보이지 않는다고 해서 해가 떠 있다는 것을 모르는 사람은 없다. 사방이 환한 낮이라는 사실 자체가 이미 태양이 중천에 떠 있다는 것을 의미하기 때문이다.

제아무리 어둠이 짙더라도 얼마 지나지 않으면 여명이 밝아오면서 낮이 밤의 자리를 대신하게 마련이다. 또 한낮의 태양이 아무리 밝고 강렬하다 하더라도 얼마 지나지 않으면 밤이 찾아온다. 당연한 그 사실을 보면서도 사람들은 종종 이러한 자연의 이치를 깨닫지 못하고 어리석은 행동을 거듭하기도 한다.

얼마 전 용기 있는 한 사람의 고백으로 시작된 '미투^{me too} 운동'이 우리 사회 곳곳에 숨겨져 있고 방치되어 있던 어두운 구석을 하나하나 드러내기 시작했다. 많은 사례들이 둑이 터지듯 터져나와서 사람들을 어리둥절하게 만들기도 했고, 또 한편으로 씁쓸한 마음을 갖게 만들기도 했다. 상대적으로 사회적 지위가 낮은 여성들이나 사회적 약자들을 대상으로 별다른 경각심 없이 저질러져왔던 많은 불합리한 행동과 말 때문에 마음에 상처를 입거나 몸에 해를 입은 피해자들의 작은 목소리가 어렵사리 수면 위로 올라왔다. 해를 끼친 상대방의 우월한 사회적 지위와 권력 때문에 그 사실을 숨기고 혼자 상처를 안으로 끌어안고 숨죽여 울고 아파해왔던 사람들의 입에서는 "나도 그런 아픔을 겪었어^{me too}"라는 고백이 잇따랐다.

안타깝고 화가 나는 그 고백들을 보면서 필자는 한 유명 인사에 대한 믿기 힘든 추문 사실에 큰 충격을 받았다. 연극계에서는 유명한 한 연출가가 오랜 기간 동안 자신이 이끌고 있는 극단의 여자 배우들을 대상으로 소름 끼치는 추한 행동을 거듭해왔다는 사실이 언론을 통해 알려졌을 때 연극인의 한 명으로서 필자는 큰 충격에 휩싸였다. 그가 연출한 작품들의 의미와 대사의 강한 힘을 익히 들어 알고 있었기 때문이다.

그중에서도 가장 분노를 느끼게 한 것은 사과 기자회견에서 그가 한 말이었다. 그는 자신이 사람들에게 피해를 입힌 것과 사회적으로 물의를 일으킨 것에 대해 해명과 사과의 말을 하면서 '잘못된 것이었지만 관행적으로 저질러져왔던 것'이었다고 말했다. 세상에 어떻게 강제적인 추행이 '관행'이라는 이름으로 덮어질 수 있을까?

인간은 누구나 실수를 저지를 수 있지만 그것을 반성하는 일에 있어서만큼은 실수를 해서는 안 된다. 그 유명한 연출가는 그 부분에 있어서 최악의 실수를 저질렀다. "죄를 인정합니다. 진심으로 반성합니다"라고 반성을 해도 상대방의 찢겨진 상처가 아물 수 있을지 모르는 상황에서 '잘못된 관행'이라는 해명이 상처에 소금을 뿌리는 결과를 가져왔던 것이다.

잘못을 반성해야 하는 자리가 아니었다면 평소의 그는 아마 감동적인 연극의 대사를 멋들어지게 사용하거나, 아니면 뇌리에서 잊히지 않을 말로 우리를 감동시켰을지도 모른다. 하지만 진심과 영혼을 담은 사죄의 말이 필요한 그 상황에서 그는 해서는 안 될 최악의 말을 했던 셈이다. 그가 다시금 연극 무대에서 놀라운 연출 실력을 보여주며 복귀할 수 있을지는 모르겠지만 인간으로서 해서는 안 될 실수를 저지른 사람으로 기억될 것이라는 사실만큼은 분명하다. 한평생 예술가의 길을 걸었던 대가의 말로가 이보다 비참할 수 있을까.

사람들의 기억 속에 오랫동안 남아 있는 좋은 말이 있는 반면, 한 번의 말실수가 그보다 훨씬 오랫동안 나쁜 사람으로 기억되게 하기도 한다. 실제로 하지도 않은 말 때문에 설화에 오르내리는 경우도 생기고, 얼토당토않은 변명으로 상황을 모면하려다가 두고두고 놀림과 비아냥거림의 대상이 되기도 한다. 뿐만 아니라 진심이 담기지 않은 얄팍한 말로 인해 벗어날 수 없는 나락으로 떨어진 유명한 사람들도 모두 '말하기'에 대해 많이 고민했어야 했다.

▶▶ 이치로의 말에서 배울 점

'아'와 '어'만 다른 것이 아니다. 앞뒤를 잘라버리면 전혀 다른 것이 되는 게 '말'이다. 아버지가 가방에 들어가는 재주를 갖고 있지 않다면 아버지는 방에 들어가신 거다. 세상에는 유별나게 악의가 있는 사람들도 많지만, 의외로 생각 없이 행동하는 헛똑똑이들도 적지 않다. 그래서 말은 더더욱 조심해야 한다. 무언가를 잘못하지 않았더라도 당신은 구설수에 오를 수 있다. 누가 듣더라도 오해의 여지가 없는 선명하고 명확한 말을 하기 위해 노력해야 한다. 물론 쉽지는 않겠지만 말이다. 오해의 말을 옮겼던 그 사람들은 악의에 가득 차 일부러 그런 것인지, 아니면 영어를 못해서였는지 궁금하기도 하다.

▶▶ 가수 K씨의 말에서 배울 점

"한 번 실수는 병가지상사"라고 하지만 연달아 치명적인 실수를 저지르면 헤어나오기 힘든 지경에 빠지게 된다. 강산이 한 번 바뀌도록 집요한 놀림의 대상이 됐던 연예인. 술을 먹고 운전을 했으면 그냥 음주 운전인 거다. 차라리 "술에 취해 정신이 없었다, 죄송하다"고 했으면 끝났을 일을 어리석게도 키우고 말았다.

▶▶ 연출가 L씨의 말에서 배울 점

상처에 소금을 뿌리는 사람들이 있다. 백번 양보해서 예술가들이 끼가 넘친다고 이해해볼까 해도 관행이었다? 그게 말인가, 당나귀인가. 겉과 속이 다른 사람들은 결국 씻을 수 없는 오명의 주인공이 되어 나락으로 떨어져버리기도 한다.

그래서 나는 '말'을 연출하고 싶었다

하지도 않은 말을 했다는 누명을 쓰고 미움을 받았던 스즈키 이치로. 술은 마셨지만 음주 운전은 하지 않았다던 변명 덕분에 강산이 한 번 변하도록 놀림과 패러디의 대상으로 전락한 전직 인기 가수. 그리고 한평생의 노력과 그에 따른 명성이 한순간에 '성범죄자다'라는 오명으로 땅바닥에 떨어진 어느 연출가. 이들의 사례에서처럼 입 밖으로 나오는 순간 말은 이미 내가 통제하거나 관리할 수 없게 된다. 이 사실을 가볍지 않게 생각하고 진지하게 다뤘으면 하는 바람이다.

스즈키 이치로처럼 의도와는 다르게 진의가 왜곡되어 나의 말이 사람들에게 전해지는 상황은 살면서 종종 겪게 되는 아픔이다. 말 전문가인 필자에게도 그런 기억이 많이 있다. 온몸에 힘이 쭉 빠지고 참 막막해지는 순간들이었다. "저 사람이 그랬다는군" 하는 뒷말이 돌고 있다는 것을 알게 되면, '산에 들어가서 혼자 살면 이런 억울한 일은 안 당하겠지?' 하는 생각마저 들게 된다. 아나운서라면서, 스피치를 가르치는 강사라면서 이 정도 커뮤니케이션밖에 못하나 하는 자괴감이 들기도 한다.

'어떻게 하면 왜곡되지 않게끔 말할 수 있을까?' 이런 고민은 어제오늘의 일이 아니기는 하지만 마땅히 좋은 해결 방법을 찾지 못하고 있었다. 다른 사람들에게 이런 속내를 털어놓아도 '글쎄, 그게 참 쉽지 않은 문제이긴 하지'라는 대답만 돌아올 뿐이었다. 사실 누구에겐들 획기적인 해결 방법이 있기는 할까 싶다.

그러던 어느 날 무대에서 공연을 끝내고 뒷정리를 하다 문득 '말을 한다는 것도 하나의 작은 무대가 아닐까?' 하는 생각을 하게 되었다. '말을 하는 것이 한 편의 무대라면, 그리고 만약 내가 연극의 연출가처럼 말을 하고 상대방의 말을 듣는 대화의 순간들을 연출할 수 있다면, 나의 의도를 정확하게 전달한다면, 누군가의 실수나 부주의 혹은 악의적인 왜곡에 의해 나의 말이 잘못 전달되는 불상사는 최대한 막을 수 있지 않을까?' 이는 지금까지도 필자의 머릿속 한 공간을 차지하고 있는 생각이기도 하다.

만약 연출가가 한 편의 연극 전체를 머릿속에 담아두고 장면, 장면을 자신의 뜻대로 연출하고 배우들의 동선 하나, 대사 하나하나를 어루만지듯 말을 하는 것을 한 편의 짧은 무대라고 생각한다면 상대방에게 전달하려는 말을 효과적으로, 최대한 정확하게 전달할 수 있을 것이다. 이를테면 말을 하는 것을 한 편의 연극을 연출하는 것과 같다고 생각해보자. 너무 거창하게 생각할 필요 없다. 실제로 말을 하기 전에 미리 리허설을 해본다는 생각으로 내가 전하려고 하는 내용과 취지를 머릿속에 그려보기만 해도 진의가 왜곡되는 불상사는 막을 수 있다. 말을 한다는 것이 결국은 상대방의 공감을 얻어낸다는 궁극적인 지향점이 있기는 하지만 현실적으로 공감은커녕 오해 없이 전달하기도 쉽지 않기 때문이다.

연극을 통해 말을 한다는 것에 대해 많은 것을 느끼게 된다. 그래서일까? 필자는 늘 무대를 바라보면 마음이 두근거리고 설렌다. '조명이 꺼진 텅 빈 무대에 다시 하나둘 불이 켜지면 오늘은 어떤 마법 같은 일들이 펼쳐질까?' 즐거운 상상을 하게 된다.

말을 하는 것을 한 편의 짧은 연극이라고 생각하기 시작하면서 무언가 해결의 실마리가 보이는 듯한 느낌이 들기 시작했다. 지금까지 필자가 살아왔던 날들이, 그리고 경험해왔던 일들이 하나로 연결되는 것을 느낄 수 있었다.

아나운서로서, 그리고 강사로서 어느 정도 인정을 받고 소기의 성과를 올렸음에도 불구하고 배우로서 연극 무대에 서는 이유도 바로 여기에 있다. 여전히 해소되지 않는 목마름을 느꼈기 때문이다. 처음에는 낯설기만 한 연극 무대에 조금씩 적응을 하고, 연기를 하는 즐거움에 눈뜨기 시작하면서 그동안 필자가 경험했던 것들을 연극에 녹여보면 어떨까 하는 생각을 하게 되었다.

결국 극단 관계자들과 진지하게 상의한 끝에 요즘 많은 분들이 하고 있는 토크 콘서트 형식에 연극 형식을 접목시켜 공연 준비에 들어갔다. 그리고 2017년 봄, '어떻게 하면 사람들에게 작은 힐링이라도 줄 수 있을까?' 하는 취지로 연극의 요소를 더한 토크 콘서트를 무대에 올렸다. 토크 콘서트를 이끌어가는 MC의 역할을 연기하면서 이런저런 삶의 문제들에 지쳐 있던 사람들의 이야기를 듣고 진짜 전문가가 아닌 연기자들로 구성된 패널들이 맞춤형 처방을 제시하는 무대였다. '과연 반응이 있을까?'라는 우려와 달리 열기는 뜨거웠다. 고민을 털어놓은 사람들에게 "당신은 실패 전문가입니다" 혹은 "당신은 최고!"라는 말을 해줄 뿐이었는데 그게 사람들에게 작게나마 위안이 되었던 모양이다.

이 연극을 무사히 끝마치면서 필자는 '말하는 것도 분명 한 편의 연극이 될 수 있겠구나' 하는 확신을 갖게 되었다. 지금까지 아나운서로서, 강사로서, 그리고 배우로서 다양한 변화를 자처하면서 살았는데 그 모든 경험들이 서로 연결되어 있었다는 사실을 토크 콘서트를 통해 알 수 있었다. 아나운서로서, 강사로서 말에 대한 스킬과 원리를 공부하며 사람들을 만나왔던 것, 연극배우로서 어떻게 하면 관객들에게 대사를 잘 전달하고 그들의 마음을 울릴 수 있을지 고민했던 것, 이러한 경험들을 하나로 연결해주는 숨겨진 바람은 결국 '말에 대한 갈망이었던 것이다.

그러면서 필자는 중요한 커뮤니케이션 수단이자 사람들에게 나를 인식시키는 채널이기도 한 '말'이라는 것을 어떻게 조율할 수 있을지, 어떻게 하면 사람들이 보다 주체적으로 살고 함께 행복할 수 있을지에 대해 생각해보기 시작했다. 어찌 보면 우리의 감정이나 마음을 결정하는 상당수는 바로 '한마디의 말'에서 시작된다고 할 수 있으니까.

어차피 듣지도 않을 말, 바람처럼 사라지는 말

사람을 행복하게도 하고, 분노하게도 하는 말. 사랑의 반대말이 미움이 아니라 무관심인 것처럼 내가 한 말이 아무런 반응도 일으키지 못하는 것만큼 씁쓸한 경험도 드물 것이다. 우리가 하루 동안 누군가와 나눈 수많은 대화들 중 상당수가 이러하지는 않았는지 생각해볼 일이다.

잘 차려입은 신사가 다가와 정중한 어투로 진지하게 무언가를 이야기하는 동안 무심결에 그의 말에 설득되는 경험을 해봤을지도 모르겠다. 그런데 무엇 하나 흠잡을 수 없는 말을 한 그 남자는 내 반응을 듣지도 않고 돌아서버린다면 나는 그와의 대화를 어떤 식으로 기억하게 될까? '좋은 대화였어. 멋진 사람이다'라고 생각할까? 분명 그렇지 않을 것이다. 아마 그의 뒷모습에서 '쌩' 하고 찬바람을 느끼게 될 것이다.

이 경우 그 남자의 대화는 과연 성공한 것일까? 짧은 대화를 나눴던 그 순간의 목표는 달성했을지 몰라도 그리 좋은 사람, 의미 있는 대화를 나눈 상대로 기억하게 되지는 않을 것이다. 우리가 그동안 무심결에 나눴던 대화들이 이렇게 '어차피 듣지도 않을 말, 바람처럼 사라지는 말'이었다면 얼마나 슬프고 허망할까?

이제 우리가 지금 당장이라도 몸에 익히고 배우고 싶은, '어떻게 하면 말을 잘할 수 있을까?'라는 최초의 질문에 대한 답의 윤곽이 조금씩 드러나고 있다. 말은 상대방에게도, 그리고 나에게도 좋은 말이어야 하는

데 그것은 내가 잘 전달하는 것만으로는 부족하다. 말을 듣고 반응하는 상대방에 의해 말이 완성되기 때문이다. 어차피 듣지도 않는 말이 어떻게 좋을 수 있겠는가.

누군가의 기억 속, 마음속에 남는 말이 아닌 그냥 바람처럼 사라져버리는 말을 듣고 우리는 '저 사람, 참 말을 잘한다'라고 생각하고 있는 것은 아닐까? 결국 좋은 말을 하고, 말을 잘하는 것은 그것을 듣는 사람에게 어떠한 의미를 줄 수 있느냐에 달려 있는 것이다. 그래서 시인은 "네가 나를 불러주었을 때 나는 그에게로 가서 꽃이 되었다"라고 말했는지도 모르겠다.

꽃
- 김춘수

내가 그의 이름을 불러주기 전에는
그는 다만 하나의 몸짓에 지나지 않았다

내가 그의 이름을 불러주었을 때
그는 나에게로 와서 꽃이 되었다

내가 그의 이름을 불러준 것처럼
나의 이 빛깔과 향기에 알맞은 누가 나의 이름을 불러다오

그에게로 가서 나도 그의 꽃이 되고 싶다

우리들은 모두 무엇이 되고 싶다

나는 너에게 너는 나에게

잊혀지지 않는 하나의 의미가 되고 싶다

나는 나의 말을 선택할 수 있다. 곧 스스로의 말을 얼마든지 연출할 수 있다는 뜻이다. 말을 하는 순간과 상황을 한 편의 연극 무대라고 생각해보자. 연출가가 한 편의 연극 전체를 머릿속에 담아두고 장면, 장면을 뜻대로 연출하고 배우들의 동선 하나, 대사 하나하나를 어루만지듯 말하는 것을 한 편의 짧은 무대라고 생각해보자.

너무 거창하게 생각할 필요 없다. 내가 말하려는 취지와 내용을 미리 리허설을 해본다는 생각으로 머릿속에 그려보기만 해도 충분하다. 그렇게 한다면 상대방에게 말을 효과적으로 전달하는 방법을 찾는 동시에, 그 말이 잘못 전달돼서 왜곡되는 일 또한 최대한 방지할 수 있다.

우리가 말을 잘하고 싶어 하는 궁극적인 이유는 상대방을 설득하고 공감하기 위함이지만, 내 말이 상대방에게 오해 없이 전달되는 것만으로도 일단 만족할 수 있다. 더 나아가 바람처럼 사라지는 말이 아닌 상대가 공감하는 말을 하게 된다면 더할 나위 없이 좋을 것이다. 우리는 모두 말하기의 연출가가 될 수 있다.

2강

말하기 시작:
아무리 바빠도
순서는 지키자

어떤 시인의 말처럼 말은 인연과 존재의 꽃을 피우는 놀라운 마법을 부리기도 한다. 이런 '말' 이외에도 다른 사람에게 어떤 의미를 전달하는 방법은 다양한데 글 또한 지금까지 이야기했던 '말'만큼이나 훌륭한 의미 전달 수단이다. 또 아름답고 청아한 목소리로 부르는 노래 역시 말이나 글보다 사람의 마음에 훨씬 영향력을 미치기도 한다. 그뿐 아니라 끊어질 듯 끊어지지 않고 이어지는 아름다운 선을 보고 있노라면 저절로 그것에 흠뻑 빠져들게 만드는 춤 역시도 그런 의미 전달 매체 중 하나다. 요즘 우리의 삶에서 빼놓을 수 없는 인터넷이나 SNS 역시 중요한 소통 수단이고 말이다.

이렇게 다양한 의미 전달 수단 중에서 직접적으로 효과적인 방법은 '말'일지도 모른다. 사람들을 감동시킬 만한 춤을 추는 것은 상당한 재능과 노력이 필요하고, 눈물을 자아낼 만한 노래를 부르는 능력 역시 마찬가지다. 하지만 '말'은 누구나 할 수 있는 것이고, 반복적인 연습과 훈련을 통해 더욱 그 능력을 키울 수 있기 때문이다.

이 책을 읽고 있는 독자들의 상당수는 아마 '그렇기는 하지만 나는 말하는 게 어렵고 힘들어'라고 생각할지도 모른다. 실제로 강의에서 만나는 다양한 사람들 중에서 많은 분들이 '어떻게 하면 말을 좀 시원하게 잘할 수 있을까?'라는 고민을 갖고 있었다. 말이라는 게 누구나 할 수는 있지만 누구나 잘하는 것은 아니기 때문이다.

이런 고민을 하는 원인에는 여러 가지가 있는데, 그중에서 몇 가지 기억해야 할 점이 있다. 모든 일에는 반드시 따라야 하는 순서가 있는 법이다. 말을 잘하기 위해 우선적으로 거쳐야 하는 단계는 '잘 전달하는 것'이다. 말의 의도를 왜곡 없이, 오해 없이 잘 전달하는 것부터 차근차근 훈련과 연습을 거쳐야 한다.

'그게 무슨 훈련까지 필요한 일인가?'라고 생각할 수도 있지만 급하다고 바늘허리에 실을 꿰서 바느질을 할 수는 없는 노릇이다. "그러니까 이런 말씀을 하시려는 거예요?"라고 물어보면 "어, 아니, 그런 뜻은 아니고"라며 머리를 긁적이는 분들이 의외로 많다. 태어나서부터 늘 하고, 매일 하는 말인데도 자신의 의도가 상대방에게 정확하게 전달되지 않는 경우가 비일비재하다. 그렇다면 왜 이런 일이 일어나는 것일까? 말을 오해 없이 제대로 전달하기 위해 염두에 두어야 할 세 가지를 알아보도록 하자.

우리말은 원래 어렵다

첫 번째, 우리말은 원래 어렵다. 세종대왕 님이 멋진 글자를 만들어주셨기 때문에 생기는 일종의 착시현상이라고 볼 수 있다. 다시 말해 '한글'은 아주 과학적이고 배우기 쉬운 글자이지만 '한국어', 그러니까 우리가 매일 주고받고 사용하는 말은 그렇지 않다는 것이다. 앞에서 예로 든 것처럼 '우리 남편은 돈도 잘 번다'와 '우리 남편이 돈은 잘 번다'는 문장은 한 글자 차이지만 그 의미가 전혀 달라지고 만다. "한국말은 끝까지 들어봐야 안다"는 속담도 우리말이 갖고 있는 '뜻밖의 어려움'을 나타내는 것이라고 할 수 있다.

> 한국말은 끝까지 들어봐야 안다.

말하는 것에 어려움을 느끼고 부담감을 갖는 사람들은 이 점을 생각할 필요가 있다. 원래 한국말은 어렵다. 그래서 노력을 해야 한다. 사람들 앞에서 말을 할 때 식은땀이 나고 긴장이 된다면 결국 해결 방법은 단순명료하다. 즉, 연습을 하면 된다. 이것이 바로 '어떻게 하면 말을 잘할 수 있을까?'라는 지난한 문제를 하나씩 풀어나가는 시작점이다. '어떻게 하면 오해를 불러일으키지 않고 곤혹스러운 상황에 맞닥뜨리지 않을 수 있을까?'에 대한 답 역시 간단하다.

'노력하고 훈련하면 분명 나아진다. 단, 방법을 제대로 알아야 한다.'

나를 객관화하자

두 번째, '나를 객관화'해야 한다. 필자는 종종 "다른 사람이 나를 보듯 본인을 바라보세요"라고 말하곤 한다. 매일 만나서 수다를 떨거나 대화를 자주 나누는 친구 사이라면 상관이 없지만, 그렇게 가까운 사이가 아니라면 부담을 느낄 수밖에 없다. 내 이야기를 듣기 위해 모여 있는 청중들 앞에서 말을 해야 하는 자리가 쉬운 사람이 어디 있겠는가. 이런 상황에서 현실적으로 말을 잘하기 위한 중요한 포인트가 바로 '나를 객관화'해서 말하는 것이다. 나의 주관적인 생각이나 말이 상대방에게 잘 전달되고, 그것에 동감하게 되는 과정을 한번 생각해보면 왜 나를 객관화하는 것이 중요한지 짐작할 수 있다. 나의 주관이 상대방에게 우선 객관적으로 받아들여지고, 그것에 수긍을 하고 동의를 하게 되면서 자신의 주관으로 받아들여지게 된다.

휴대전화를 바꾸려는 사람이 있다고 해보자. 이 사람의 머릿속에는 애플의 신제품 '아이폰XS'와 '갤럭시노트9' 그리고 'V40'이라는 최신 스마트폰이 있다. 그런데 이 세 가지 제품의 성능이나 기능 등이 모두 비슷비슷해서 쉽게 선택을 할 수가 없어서 다른 사람들은 어떻게 생각하는지, 신문이나 잡지에서는 뭐라고 평가를 하는지 알아보기로 한다. 유명한 IT 블로거들 사이에서는 "아이폰XS가 최선이다", "갤럭시노트와 아이폰은 이제 경쟁 상대가 아니다"라는 의견이 팽팽하고, "V40도 장난 아니다"라는 소수 의견도 눈에 띈다. 각각의 주장을 찬찬히 읽다 보면 각자 그런 결론을 내리기까지 나름의 이유가 있다.

우리가 흔히 접할 수 있고 직접 겪어보기도 했을 법한 상황이다. 여기서 생각해봐야 할 포인트는 우리가 읽고 듣고 보는 수많은 말과 글 중에서 우리의 머릿속에, 그리고 기억에 남는 것들은 그들의 주관적인 생각이 객관화 과정을 거쳐 우리에게 수용되는 프로세스를 거치게 된다는 것이다. 객관적인 이유를 바탕으로 내린 결론도 사실 상당히 주관적이게 마련이다. 객관적인 이유 중에서 어떤 항목을 더 중요하게 여기느냐에 대한 기준이 주관적이기 때문이다. 이렇듯 어떤 사람이 갖고 있는 주관적인 판단을 우리는 다시 객관적으로 검토하는 과정을 거치게 된다.

'아이폰XS가 좋다는 의견에도 수긍이 가기는 하지만 갤럭시노트9보다 비싸다는 게 좀 걸리는군' 혹은 '아무리 안드로이드가 좋아졌다고는 하지만 iOS와 아이폰의 결합을 따라오지 못한다는 점은 다들 인정하고 있네'라는 식으로 최대한 상대방의 주관적인 판단이나 생각을 객관적인 기준으로 분류하는 프로세스를 거치게 된다. 결국 '삼성이나 LG가 따라올 수 없는 아이폰만의 감성이 있지'라거나 '삼성이나 LG 부품을 조립한 건데 더 비싸게 사는 건 좋은 선택이 아니야'라는 결론을 내리게 된다. 그리고 이렇게 내려진 결론은 내가 참조했던 다른 사람들의 의견처럼 '주관적인' 것이다.

사람들은 최대한 객관적으로 정보를 수집해 판단하며 주관적인 결론을 내리게 된다. 내가 타인에게 하는 말도 같은 맥락이라고 볼 수 있다. 이런저런 객관적인 이유와 생각을 통해 나만의 주관적인 판단을 말로 옮기면 그것을 듣는 사람들은 각자 고유한 경험과 생각을 통해 나의 말을 그들의 기준으로 받아들이게 된다. 나의 주관적인 생각이 객관적으로 접수되고 결국 주관적으로 소화되는 것이다. 타인과의 대화에서 최대한 '객관화'하는 것이 중요한 이유도 여기에 있다. 나의 말이 상대방에게 전달되는 과정을 한층 수월하게 해주어야 한다. 상대방이 자기만의 주관적인 결론에 도달하기 위해 필요한 객관화의 과정을 내가 제공해주면 그만큼 상대방이 나와 같은 결론에 도달할 가능성이 높아지기 때문이다.

이를테면 "나는 우리나라가 선진국이라고 생각한다"고 말한다면 "그건 당신 생각이지"라는 반박을 받을 수도 있지만 "OECD에서 발표한 1인당 국민 소득으로 볼 때"라거나 "블룸버그에서 매년 선정하는 혁신국가 지수에서 몇 년 연속 1위에 선정됐기 때문에"라는 식으로 근거와 자료를 제시하게 되면 상대방은 "그렇군" 하고 일단 동의할 확률이 훨씬 높아진다. 왜냐하면 내가 제시한 객관적인 근거를 반박하거나 이견을 갖게 된 이유를 설명해야 하기 때문이다. 공인된 기관이나 권위 있는 언론의 보도와 같은 근거를 제시하거나 합리적인 논리를 갖고 하는 말은 그렇지 않은 말보다 상대방에게 훨씬 설득력 있게 들리게 된다.

말을 잘 전달하기 위한 두 번째 단계에서 나를 객관화하는 과정이 필요한 또 다른 이유는 말하기, 즉 청중들에게 나의 말을 '하는' 스피치에서나 상대방과 대화를 '주고받는' 커뮤니케이션에 있어서나 나의 말을 이해하고 판단하며 가치를 부여하는 것은 내가 아니라 상대방, 즉 나의 말을 듣는 사람이기 때문이다. '내 것이지만 남이 쓰는 것은 무엇일까?'라는 수수께끼를 푸는 것과 비슷하다고 할까? 정답은 이름인 것처럼 말이다. 내 이름은 나의 것이지만 거의 대부분 내가 아닌 다른 사람이 사용하고, 내가 하는 말 또한 그것을 듣는 사람들의 가치 판단에 의해 의미가 부여된다고 할 수 있다. '내 말은 남의 것'이라고 생각한다면 말을 할 때 조금은 더 주의를 기울이게 되지 않을까?

여러분의 목소리는 상대에게 충분히 들리는가? 어떤 내용을 말하고 있는가? 다른 사람의 단점을 금방 찾아내듯 나 스스로를 타인이 보듯 객관적으로 바라본다면 무엇을 가장 최우선으로 개선해야 하는지 발견하게 될 것이다.

모든 말에는 목적이 있게 마련이다

세 번째, '모든 말에는 목적이 있다'는 사실을 기억해야 한다. 의미도 없는 말을 두서없이 하는 사람을 흔히 "싱겁다"고 말하곤 한다. 잠시 잠깐이라도 나의 말을 듣기 위해 상대방이 시간을 들여 관심을 보여주는 것을 가치 있게 생각한다면 아무런 의미 없는 소리를 쉽게 하지는 못할 것이다. 뿐만 아니라 목적이 없는 말은 실언이 될 확률이 높다.

모든 말에는 분명 목적이 있다. 그것이 남을 설득하기 위해서든, 반대를 하기 위해서든, 물건을 팔기 위해서든, 웃기기 위해서든, 단순히 친분을 유지하기 위해서든 말이다. 그렇다면 결국 '말을 잘한다'는 것은 그 말이 갖고 있는 목적을 잘 전달한다는 것이다. 어떤 목적을 갖고 있느냐에 따라 그것을 보다 잘 전달하기 위해 필요한 것들이 달라진다. 물론 말을 하는 목적이 반드시 하나가 아닐 수도 있다. 여러 가지 목적을 가지고 말을 하는 경우는 얼마든지 있으며, 이루고자 하는 바가 많을수록 목적에 맞는 화술을 사용할 줄 알아야 한다. 이때 중요한 것은 바로 목적의 선후先後를 따지는 일이다.

모든 계획에는 실행 단계가 있듯 말하는 데에도 순서가 있다. 특히 다양한 목적을 가지고 말을 하는 경우 목적의 선후를 잘 따져야 나의 의도를 효과적으로 상대방에게 전달할 수 있다. 예를 들어 연인끼리의 친밀한 대화가 목적이라면 논리적인 근거를 찾아 따지기보다 잘 들어주고 공감해주는 것이 우선이다. 만약 상대를 설득하려고 한다면 상대가 어떤 부분에 관심을 가지고 있는지를 파악해 감동적인 에피소드나 권위 있는 사람의 논리적인 의견을 찾아야 할 것이고, 듣는 사람을 박장대소하게 만들고 싶다면 '똑같다'고 손뼉을 치게 만드는 성대모사나 재치 있고 위트 있는 촌철살인의 한마디가 더 중요하다.

이제 본격적으로 '말하기'의 구체적인 단계로 들어서고 있다. 어떻게 말을 잘 전달delivery할 것인지, 그리고 상대방에게 나의 말을 보다 설득력 있게 전달하기 위해 우선적으로 필요한 것은 무엇인지 이야기하려고 한다. 이미지 메이킹이나 비언어 트레이닝, 그리고 아나운서들처럼 누가 들어도 신뢰 가는 말하기를 위한 보이스 트레이닝까지 전체적으로 살펴보자.

아울러, 이 책에 나오는 모든 내용을 다 잘해내려고 할 필요는 없다는 점을 당부하고 싶다. 이미지 메이킹이든, 비언어 트레이닝이든, 보이스 트레이닝이든 각각의 주제는 책 한 권으로 다뤄도 모자랄 만큼 분량이 방대하다. 그 모든 것을 한 번에 익혀서 스피치의 달인이 되겠다고 욕심을 내기보다는 내게 지금 가장 부족한 부분이 무엇인지 점검해 그것부터 보충하고, 잘하는 것을 더욱 보강하는 것이 현명하고 효율적인 방법이다.

요즘은 인터넷 검색창에 몇 글자만 쳐도 말하기에 관한 방대한 정보들을 찾을 수 있다. 하지만 그것을 실천하는 것이 정보를 찾는 일보다 훨씬 중요하다. 따라서 어떠한 이유로든 이 책을 손에 들었다면 하나씩 차근차근 실전에 적용해보길 바란다.

말하기는 우리가 살아가는 동안 늘 필요하고, 평생 연습과 실전의 반복이 계속된다. 늦었다고 생각할 때가 가장 빠른 때라고 하지 않는가? 이제부터 말하기 노하우를 하나씩 천천히 배우고 익혀보도록 하자.

말을 '제대로' 배송하자

이제 어떻게 하면 나의 말이 상대방에게 잘 전달되고 원하는 바를 달성해 시인이 노래한 '꽃'과 같은 좋은 결과를 낼 수 있는지, 무언가 전달하기 위한 수단으로서의 말하기, 그리고 말하는 사람을 돋보이게도, 그 가치를 떨어뜨리게도 만드는 말하기에 대해 본격적으로 살펴보도록 하자.

우선 말하기를 '커뮤니케이션 스킬'이라고 생각하고 그 스킬의 숙련도에 따라 단계를 구분해볼까 한다. 2강의 내용은 말하는 것 자체를 어렵고 부담스럽게 느끼는 단계의 분들을 대상으로 한다. 스스로 '나는 말을 좀 하지'라고 생각한다면 객관적으로 본인의 모습을 점검하는 과정으로 여기면 된다. 물론 말을 잘한다는 건 내가 판단하는 것이 아니라 남이 판단해주는 것이라는 사실을 기억해야 한다. 스피치 코칭을 하면서 기본적인 전달력도 갖추지 못했지만 스스로 말을 잘한다고 생각하는 분들도 계시다는 것을 알게 되었다. 그 후 나 또한 예외가 될 수 없다는 생각에 언제나 스스로를 점검하려고 노력하고 있다.

이 단계에서 필요한 것은 몇 가지의 스킬을 하루빨리 몸에 익히는 것이다. '남들 앞에서 말하는 것이 어렵다', '중요한 자리에 가면 입이 떨어지지 않는다', '도대체 무슨 말을 했는지 기억도 나지 않는다', '생각하고 전혀 다른 이야기가 튀어나와서 깜짝 놀랐다' 등등의 하소연을 하는 분들이 이 단계에 있다고 보면 된다. 실제로 이 단계에 있는 분들이 생각보다 많다. 강의나 코칭을 통해 만나는 분들 중 상당수가 이와 같은 하소연을 하곤 한다. 하지만 이렇게 '말하는 게 두렵고 어렵다'는 무거운 마음과는 달리 이 단계에서의 말하기에 대한 고민은 해결하기 어렵지 않다. 몇 가지 요령과 스킬을 배우고 반복적으로 익히면 누구든지 "이제 말하는 게 떨리거나 어렵지 않다"라고 홀가분하게 말할 수 있다. 필자는 그동안 그런 사람들을 숱하게 많이 보아왔다.

우선 스피치에서 활용할 수 있는 'OBC 법칙'이라는 방법론을 익히는 것이 중요하다. 'OBC'는 기초 단계에서의 말하기 방법으로 Opening도입, Body본문 그리고 Closing끝맺음의 약자다. 어떤 말이든 이 세 가지 순서에 맞춰서 이야기한다면 상대방에게 하고자 하는 말을 어렵지 않게 전달할 수 있다. 그리고 다행스럽게도 이 OBC 법칙은 어려운 것이 아니어서 반복해서 연습만 하면 누구든지 마스터할 수 있다.

🗨️ OBC는 빠르고 신속한 택배 서비스

OBC 법칙은 인터넷 '택배 서비스'와 같다고 생각하면 이해하기 쉽다. 우리나라는 인터넷 쇼핑몰들의 총알 같은 배송 서비스 덕분에 결제 후 하루, 이틀 만에 물건을 받아볼 수 있는 놀라운 수준의 서비스가 제공되고 있다. 어떤 쇼핑몰에서 마음에 쏙 드는 옷을 발견하고는 얼른 결제를 했다고 생각해보자. 이때 하루라도 빨리 받아보고 싶다면 주문서를 작성할 때 "빠른 배송 부탁드려요"라고 코멘트를 남기거나 고객 게시판에 "빠른 배송 부탁합니다"라고 글을 남기기도 할 것이다. 이를 본 판매자가 "예, 알겠습니다. 최대한 빨리 보내드리겠습니다"라고 댓글을 달아놓고서 주소도 확인하지 않고 급하게 보낸다면 내가 원하는 시일 안에 그 옷이 배달될 수 있을까?

아마 대부분 '무슨 소리야. 주소도 확인 안 하고 택배를 보내는 사람이 어디에 있어?'라고 생각할 것이다. 이런 여러분들의 생각은 전적으로 옳다. 왜냐하면 제아무리 발송을 빨리 해야 한다고 하더라도 주소도 제대로 확인하지 않고 보내는 사람이 있을 리 없기 때문이다. 그런데 정작 우리가 중요하게 생각해야 할 말하기에 있어서는 이런 기본적인 사항을 지키지 못하는 일이 생각보다 흔하다. 말을 하는 과정에서 목적지도 제대로 체크하지 않고, 보낼 물건이 제대로 담겼는지도 건성건성 확인하고는 빨리 보내야 한다는 것에만 급급한 경우가 많은 것처럼 말이다.

나의 말을 다른 사람에게 '전달'하는 것은 일종의 택배 서비스와 같다. 그래서일까? '전달하다, 배달하다'라는 뜻의 '딜리버리delivery'라는 영어 단어가 청중들 앞에서 행하는 연설이나 프레젠테이션을 표현하는 경우에도 쓰인다. 만약 누군가 "PT가 딜리버리에 문제가 좀 있었던 것 같아"라고 말한다면 '청중들에게 프레젠테이션의 내용이 잘 전달되지 않은 것 같다'는 뜻이다. 판매자가 급한 마음에 주문자의 주소도 제대로 확인하지 않고 물건을 발송하면 판매자에게로 되돌아오거나 엉뚱한 곳을 떠돌다가 박스가 너덜너덜해져버릴 것이다.

　말도 마찬가지다. 듣는 사람에게 내가 하고자 하는 말을 정확하게 '전달delivery'하지 못하면 듣는 사람은 '저 사람이 도대체 무슨 말을 하려는 거지?'라는 의문을 갖게 된다. 전달하려는 물건이 배송 도중 파손되지 않도

록 잘 포장한 다음 정확한 주소로 보내는 것이 택배 서비스의 기본인 것처럼 말도 듣는 사람에게 전하려는 내용을 잘 정리해서 간결하고 빠르게 전달해야 한다.

이를테면 "오늘 ○○시부터 ○○시 사이에 주문하신 물건이 배달됩니다"라는 문자를 보내 주문한 사람이 그 시간에 기다리도록 하는 것이 바로 '도입Opening'이다. 그리고 파손되지 않도록 깔끔하고 튼튼하게 잘 포장하는 것이 '본문Body', 마지막으로 빠르게 배달을 끝내는 것이 마무리Closing인 셈이다. 말하는 것을 택배 서비스라고 생각하고 OBC 법칙을 바탕으로 상대방에게 전달하려는 말을 잘 정리한다면 말하는 것이 두렵고 부담스러운 단계는 생각보다 빨리 넘어설 수 있다.

말을 잘하고 싶다면 각각의 상황에 맞도록 OBC 양식을 적어 넣으면 되는데 보통 하고자 하는 말인 본문, 즉 바디를 일목요연하게 잘 정리하는 것이 가장 먼저 해야 할 일이다. 오프닝에서는 어떻게 하면 듣는 사람들을 자연스럽게 본문으로 이끌 수 있을지에 대해 고민해보는 것이 좋다. 그런 후 클로징에서는 어떻게 잘 매듭을 지을 것인지 생각해본다. 이렇게 상대방이나 청중들에게 전달하려는 내용을 명쾌하게 정리하고, 그것과 연결된 인사말과 마무리를 지을 수 있는 말을 종이에 적어보자. 머리로 생각하는 것과 글로 쓰는 것은 완전히 다르다. 글을 쓰기 위해 머리로 정리하는 과정을 거치면 보다 깔끔한 내용을 전달할 수 있다.

🗨️ 눈길을 사로잡는 오프닝의 중요성

한 기업체에 강의를 나갔다가 들었던 어떤 신입 사원의 이야기를 잠깐 소개해보려 한다. 참치 통조림을 생산하는 식품업체에 입사 지원을 한 그는 자기소개서에서부터 사람들의 이목을 사로잡았다. 이 친구는 자기 자신을 지원하는 회사에 자연스럽게 매치시킬 수 있는 표현을 먼저 고민했다. 그렇게 한동안 이런저런 문구와 표현들을 고민하다가 '등 푸른 어린 물고기'라는 표현을 찾아냈다. 그 무렵 TV에서 '등 푸른 생선이 건강에 좋다'는 이야기가 많이 회자되고 있었고, 이 식품회사도 광고 등을 통해 그 부분을 부각시키고 있는 것에 착안한 표현이었다.

'식품업계를 헤엄칠 등 푸른 어린 물고기'라는 글로 시작되는 그의 자기소개서는 단연 눈에 띄었고, 임원 면접 때에도 "안녕하십니까? 식품업계를 헤엄칠 등 푸른 어린 물고기 아무개입니다"라는 인사말로 소개를 했다. 물론 이런 표현을 싫어하는 임원은 없었고, 모두들 웃으면서 질문을 건넸다고 한다. 그 덕분인지 이 친구는 처음으로 본 대기업 입사 시험에서 보기 좋게 합격해 지금도 식품업계를 휘어잡겠다는 꿈을 안고 즐겁게 회사를 다니고 있다. 잘 만들어진 도입Opening은 이렇게 본문Body과 자연스럽게 이어지는 인사말이나 사람들이 쉽사리 관심을 가질 만한 것이어야 한다. 아마 지금쯤 "OK! OBC, 이해했습니다. 그렇다면 어떻게 연습해야 한다는 거죠?"라고 묻고 싶어질 것이다.

OBC 법칙을 활용하는 방법

OBC 법칙을 활용하는 방법은 다음과 같다.

첫째, '주제'를 찾아야 한다. 말을 하려는 목적과 목표가 무엇인지부터 정확하게 파악하자. 정보 전달을 위한 것인지, 설득 혹은 격려를 위한 것인지, 그도 아니면 유머 스피치를 위한 것인지를 정하고 주제를 찾아 본문을 구성해야 한다. 보통 소주제를 세 가지 정도로 정하고 이야기하면 적절하다.

둘째, '시간 배분'을 잘해야 한다. 내가 혼자 말을 하는 스피치이든, 혹은 다수의 사람들 사이에서 발언권을 얻어 이야기를 하는 상황이든 내가 말할 수 있는 시간은 거의 정해져 있다. 그렇기 때문에 나에게 할애

된 시간을 미리 알아본 후 OBC 비율을 대략 20:60:20으로 배분하는 것이 좋다.

현실적으로 말을 하는 것에 익숙하지 않은 단계에서는 이렇게 미리 배분해놓은 OBC의 할당 시간을 잘 지키는 것이 쉽지 않다. 그래서 말을 하다가 예상했던 시간을 훌쩍 넘겨 마무리를 제대로 못해 스피치를 망치는 경우도 왕왕 일어난다. 그러므로 OBC의 각 단계에 할애되는 시간은 약간의 여유를 두고 잡는 것이 좋다. 필자의 경우 클로징 시간을 좀 더 여유 있게 잡는 편이다. 시간이 남게 되면 스피치를 하면서 시간이 오버되는 것에도 대비할 수 있고, 클로징을 여유 있게 할 수 있을뿐더러, 청중들에게 "궁금하신 것이 있으면 질문을 받겠습니다"라고 말하며 여유를 갖고 마무리를 지을 수도 있다. 그러려면 본인이 평소에 말하는 속도를 녹음해 들어보는 것이 좋다. 몇 번 연습을 하다 보면 어느 정도 분량을 그 시간 안에 말할 수 있는지 파악하게 될 것이다.

셋째, 각각의 단계마다 일정한 양식을 만드는 것이 좋다. 이를테면 오프닝에서는 내가 말하려고 하는 목표, 주제와 관련된 스토리나 청중들이 호기심, 관심을 가질 만한 뉴스 등으로 말을 시작하는 것이다. 본문에 해당되는 바디 부분에서 말하려고 하는 내용은 수첩 등에 미리 간략하게 적어본 다음 중요한 순서대로 '첫째, 둘째, 셋째'와 같이 일목요연하게 정리를 해두는 것이 좋다. 이렇게 하면 갑자기 말할 시간이 줄어드는 등의 변동 사항이 생겼을 때 중요도가 떨어지는 부분을 줄이거나 생략하는 방법으로 시간을 맞추면서도 원래 말하려고 했던 내용을 거의 대부분 전달할 수 있게 된다. 그리고 마지막 단계인 클로징에서는 바디에서 말했던 것들을 정리하면서 청중들의 기억을 환기시키며 잘 매듭을 짓도록 하면 된다.

넷째, 청중들 앞에서 스피치를 해야 할 경우 큐카드를 만들 것을 추천한다. OBC 양식이 설계도라면 큐카드는 실전 스피치를 자연스럽게 할 수 있도록 도와주는 도구다. 보통 아나운서들이 진행할 때 손에 들고 있는 것이 바로 그것이다. 어느 정도 내용이 정리되면 큐카드 장마다 일정하게 번호를 매기고 본인이 보기 편하게 직접 작성하되 대본을 그대로 옮기는 것이 아닌 슬쩍 봤을 때 할 말이 떠오르는 키워드나 문구 중심으로 간단하게 작성하자.

처음에는 감이 잘 안 올 수도 있지만 말을 해야 하는 상황을 앞두고 수첩이나 다이어리 등에다 OBC 법칙에 맞추어 하나씩 정리를 하며 적어본 다음 마치 사람들을 앞에 놓고 예행연습을 하는 것처럼 마음속으로 읽어보는 과정을 몇 번만 거치면 금세 '아, 이렇게 하라는 거구나' 하고 감이 잡히기 시작할 것이다. 간단한 방법이지만 실제 활용하는 사람들은 많지 않은 것이 사실이다. 무엇을 어떻게 말해야 할지 막막할 때 OBC 법칙을 떠올려보자.

스피치 OBC 개요서 작성하기(예시)

주제 찾기: 말하고자 하는 대주제

목적 찾기: 정보 제공, 설득, 유흥, 격려

시간 분배: 주어진 예상 시간(분)

제목 정하기: 가장 마지막에 정해도 된다.(사람들의 관심을 끌 수 있는 문구)

오프닝: 호기심을 자극하는 주의 끌기 / 주제와 자연스럽게 연결 / 청중
과 좋은 관계 형성 등

(질문하기 / 이야기하기 / 인용하기 / 자료 활용 등)

바디: 1) 소주제 1: 근거나 예시(에피소드를 이용한 스토리텔링 활용)

2) 소주제 2: 근거나 예시

3) 소주제 3: 근거나 예시

클로징: 정리하는 마무리 / 주요 내용 요약 / 인용문 등으로 긍정적인 전
망 제시

스피치 OBC 개요서 작성하기(실제)

주제: 목소리의 중요성

목적: 설득

시간: 15분

청중: 경희대 언론대학원 스피치 과목 수강 학생들

제목: 매력적인 당신을 위한 매력 보이스 만들기

오프닝: 실제 뉴스를 진행하듯 인사하면서 관심 끌기

바디: 1) 스피치에서 목소리는 큰 영향을 차지한다.

⇨ 같은 문장이라도 한석규 VS 노홍철 다른 느낌

2) 누구나 노력하면 목소리는 변할 수 있다.

⇨ 발표자도 노력에 의해 바뀐 목소리

3) 좋은 목소리를 위한 발성법을 소개한다.

⇨ 입을 벌리고 목을 여는 발성법 실습

클로징: 데일 카네기의 명언으로 마무리하기

'말을 잘하고 싶다'는 최종 목적지에 도달하기 위해 모든 사람이 같은 종류와 수준의 연습을 할 필요는 없다. 각자의 수준에 맞게 연습을 하면 된다. 이 장에서는 말하기 자체에 부담과 어려움을 느끼는 사람들이 우선 익혀야 할 'OBC 법칙'을 소개했다.

OBC는 오프닝과 바디 그리고 클로징의 합성어로 내가 하려고 하는 말을 청중들에게 효과적으로 전달하기 위한 하나의 양식이다. 고민하지 않고 애초부터 양식의 공란을 채워 넣는다는 생각으로 도입 부분과 본문 그리고 마무리 부분으로 정확하게 구분 지어 말을 하는 연습을 해보자. 이렇게 OBC 법칙에 따라 말을 하게 되면 장황한 인사말로 주어진 시간을 죄다 잡아먹는 어처구니없는 실수를 저지르거나 시간이 모자라서 정작 해야 할 말을 제대로 하지도 못하고 떠밀리듯 끝내는 불상사도 막을 수 있게 된다.

OBC 법칙을 실제로 경험해보기 위해서는 미리 수첩 등에 내가 하려고 하는 말, 즉 바디를 중요도에 따라 항목별로 '첫째, 둘째, 셋째' 식으로 구분 짓는 것이 좋다. 그렇게 전달하려고 하는 말의 내용이 정리되면 청중들이 관심을 가질 만한 인사말이나 요즘 화제가 되고 있는 일들을 소개하면서 자연스럽게 말을 시작하기에 적합한 도입부를 미리 생각해 적는다. 그리고 마지막으로 본문에서 했던 말들을 간략하게 정리함으로써 청중들로 하여금 기억을 떠올릴 수 있는 마무리 멘트를 준비하는 것이다.

OBC 법칙의 양식에 맞춰 할 말이 준비되면 대략 20:60:20 정도의 비율로 시간을 배분하고 연습을 하면 된다. 내가 하려는 말을 상대방에게 보내는 택배 물건이라 생각하고 OBC 법칙을 적용해 말을 미리 연습해본다면 '어? 말하는 게 그렇게 어렵지 않네?'라고 생각하는 나를 이내 만나게 될 것이다.

기억하자. 물건을 정확하게 준비하고 박스를 포장해야 한다. 그다음 주소를 정확히 확인하고 보내자. 제아무리 좋은 물건이라도 잘못 보내면 찾기도 힘들고 돈만 날리게 되니까. 말도 마찬가지다. 그래서 말을 '딜리버리'라고 하는 것이다.

◀» 손 아나의 꿀팁!

1) 건배사 준비법

건배사처럼 순간적으로 스피치를 해야 할 때 먼저 이 자리가 어떤 자리인지를 떠올려보자. 이 자리가 내가 나서도 될 자리인지, 다른 사람이 돋보여야 할 자리인지 정도만 파악해도 자리의 목적과 나에게 주어진 시간을 파악할 수 있다. 그다음 간략한 주제 내용(본문), 처음 시작하는 말(오프닝)과 마무리하려는 말(클로징)을 생각하고 너무 길어지지 않도록 구성한다. 이러한 과정을 말하기 전에 의식하느냐, 의식하지 않느냐에 따라 많은 차이가 있다. 평소 유행하거나 마음에 드는 나만의 건배사를 찾아두는 것도 센스 넘치는 사람이 되는 지름길!

2) 마이크 사용법

핸드마이크는 입에서 10~15cm 정도 떨어지게 15도 정도의 각도로 한 손으로 잡고 이야기하고, 연단마이크는 사용 전에 본인의 키에 맞춰 단상 뒤로 한 발짝 물러나 이야기한다. 마이크가 있다고 해서 작게 말하는 사람이 있는데 어느 정도 성량을 내주어야 마이크를 효과적으로 활용할 수 있다. 청중들에게 충분히 들릴 수 있도록 객석 맨 뒷자리의 사람을 기준으로 이야기하자.

'첫인상'이
많은 것을 결정한다

아나운서, 강사, 배우라는 직업으로 살고 있는 지금, 필자가 신경 쓰는 부분 중 하나는 '과연 나는 어떤 사람으로 보일까?' 하는 것이다. 어떤 말을 하는지도 물론 중요하지만 그것만큼이나 사람들에게 비춰지는 내 모습도 중요하다. 어떻게 말을 하고, 어떤 말을 하느냐 하는 본질적인 부분만큼이나 말을 듣는 사람에게 어떻게 보이고, 어떤 인상을 심어주느냐 하는 외적인 측면도 현실에서는 매우 중요하게 작용하기 때문이다. 흔히 인상으로 그 사람을 판단하기 쉽다. 심지어 IT 업계에서 이름난 벤처 투자자는 "어떻게 하면 대중연설이나 투자자를 상대로 하는 연설을 잘할 수 있습니까?"라는 질문에 "청중보다 더 좋은 옷을 입어라"라고 잘라 말하기도 했다.

사람들에게 어떻게 첫마디 말을 꺼내고, 어떤 사람처럼 보이느냐에 따라 내가 하려는 말이 잘 전달되기도 하고, 그렇지 못하기도 한다. 그러므로 첫마디의 말을 하는 첫인상은 그 사람을 판단하는 중요한 기준이 된다. 그러한 현실을 부정하거나 외면하기보다는 그 대처 방법을 모색하는 것이 보다 현명한 선택 아닐까?

스마트폰이 널리 보급되고 워낙 좋은 사진 보정 어플들이 많아서 약간의 기술적인 도움만 받으면 대부분 미남, 미녀가 될 수 있는 세상이 되었다. 하지만 제아무리 좋은 스마트폰과 기적적인 어플을 쓴다고 해도 실제 내 모습이 달라지지는 않는다. 보정된 셀카를 실제 내 모습이라고 착각하다가 그만 내가 생각하는 나의 모습과 남들이 바라보는 객관적인 나의 모습 사이에 큰 간격이 생기기도 한다. 실제로 강의를 나가서 코칭을 하다 보면 본인의 이미지에 대해 잘 모르는 사람들을 많이 만나게 된다. 여러분은 혹시 '내 이미지는 어떨까? 남들이 보는 나의 외모나 느낌은 어떨까?'라는 생각을 해본 적이 있는지 궁금하다.

내가 보는 나의 모습이 아닌 남이 보는 나의 모습과 이미지에 대해 비교적 객관적으로 파악하고 있어야 보충을 하거나 조금 더 강조할 부분에 대해서 정확한 판단을 내릴 수가 있다. 친한 지인들에게 솔직한 의견을 물어보는 것도 좋다. 왜냐하면 친하지 않은 사람들은 대부분 솔직하게 코멘트를 해주지 않기 때문이다. 가까운 지인들에게 "평소 내 모습이 어때? 어떤 느낌이야?"라고 물어보자. 의외로 내가 생각하지 못했던 놀랄 만한 이야기를 해주는 경우가 많다.

필자의 경우 공식 행사를 진행할 때 목걸이나 귀걸이를 모두 착용해 너무 화려하다는 의견이 있었고, 가끔 표정이 차가워 깍쟁이 이미지가 있다는 이야기를 들려주었다. "아, 그렇구나" 하고 담담한 척했지만 속으로 '그 정도였다고?'라고 생각하며 애써 놀란 가슴을 진정시키기도 했던 기억이 있다.

TPO에 맞는 겉모습: 긍정적인 이미지를 만들어라

이제 내가 전달하려는 그 무언가가 상대방에게 수용되는 과정에 도움이 되는 것들, 즉 말이 아닌 다른 수단들에 대해 어느 정도 살펴볼 심적인 여유가 생겼을 것이다. 지금부터 이야기하려고 하는 것은 언어가 아닌 다른 요소들을 더함으로써 말을 보다 효과적으로 전달하는 방법에 관한 것이다.

사람들이 타인을 판단하는 기준이나 근거에는 여러 가지 요인이 복합적으로 작용한다. 특히 시각적인 요소에 의해 크게 좌우된다는 사실은 많은 과학 실험을 통해 입증된 바 있다. 초두효과먼저 제시하는 정보가 큰 영향력을 미치는 것, 후광효과한 가지 좋은 면으로 인해 다른 면도 좋게 평가되는 것라고도 알려져 있는데 내가 누군가를 판단하는 입장에서 생각을 해봐도 쉽게 이 사실에 수긍할 수 있을 것이다. 이를테면 한눈에 보기에도 잘 차려입은 신사가 하는 말과 후줄근한 트레이닝복 차림의 사람이 하는 말을 같게 평가하지는 않는다. 길을 가는 사람들에게 편안한 반바지에 슬리퍼 차림으로 머리도 손질하지 않은 모습의 남성에 대해 "어떤 일을 하는 사람일 것 같은가?"라는 질문을 했을 때 "백수"라는 답변이 가장 많이 나온 반면, 그 남성이 말끔한 수트 차림으로 머리를 손질한 채 서 있자 "전

문직 종사자" 같다는 답변이 훨씬 많이 나왔던 TV 실험도 자주 회자되
곤 한다.

필자의 경우에도 아나운서로서 헤어메이크업을 하고 의상을 입었
을 때와 운동화, 운동복을 착용했을 때 나를 대하는 사람들의 태도가 많
이 다른 것을 자주 경험하곤 한다. 어떤 옷을 입느냐에 따라 움직임 또
한 달라지는 것도 사실이다. '어떤 말을 하느냐가 아니라 누가 하느냐
가 중요하다'는 말도 이와 같은 맥락이다. 겉모습만으로도 상대방에 대
한 신뢰도credibility가 달라진다는 것은 지금까지 많은 연구와 조사를 통
해 확인되어왔다. 과연 겉모습만 보고 그 사람을 정확하게 평가할 수 있

을지 의문을 품을 수도 있지만 어쨌든 겉으로 보이는 모습에 의해 평가된다는 것은 분명한 사실인 듯하다. 이에 대한 필자의 솔루션은 이렇다. 겉모습만으로 사람을 판단해서는 안 되겠지만, 적어도 호감 가는 모습으로 스스로를 이미지 메이킹 해서 첫인상에 마이너스를 주지는 않도록 노력하는 것이다.

말하는 것을 가르치는 전문가의 입장이지만 필자는 여전히 어떤 행사인지, 어떤 내용의 강의인지, 어떤 사람들이 모이는 자리인지를 최대한 파악하고 나서 필자의 옷차림과 헤어스타일에 대해 고민하고 결정한다. 내가 어떤 모습으로 보이는지에 따라 청중들에게 전해지는 말의 가치 또한 달라질 수 있기 때문이다.

우선적으로 기억해야 할 단어가 있다. 바로 'TPO'로, 시간Time, 시간대나 시기과 장소Place, 장소 그리고 경우Occasion, 상황과 경우를 뜻한다. TPO는 나의 말을 사람들에게 보다 잘 전달하기 위한 수단으로써의 외적인 모습을 결정하는 데 있어서 반드시 기억해야 하는 불문율과 같다. '옷을 잘 입어야 한다면 명품을 사야 한다는 이야기인가?'라고 생각하는 사람들이 있는데 전혀 그렇지 않다. 명품을 입어야만 사람들이 나를 주목하는 것은 아니기 때문이다.

머리부터 발끝까지 한 브랜드로 도배를 한다면 그게 과연 멋있어 보일까? 언젠가 한 인터넷 사이트 유머글에 체크무늬로 유명한 명품 브랜드를 머리부터 발끝까지 차려입은 어떤 분의 사진이 올라온 적이 있는데 당시 댓글을 보니 'ㅋㅋㅋ' 일색이었다. 비싼 돈을 주고 백화점에서 명품 브랜드 옷을 맞춰 입는 것보다 자신이 말을 할 시간과 장소, 그리고 말을 할 자리의 특징을 잘 파악하고 그 상황에 맞는 차림을 하는 것이 TPO의 핵심이다. 명품 브랜드가 아니라도 깨끗하고 빳빳하게 잘 다려진 옷을 자기 사이즈에 맞게 입는 것으로 충분하다. 이것이 단정하고 적절한 옷차림이다. 군이 명품을 걸치고 싶다면 커다란 로고가 번쩍이는 아이템이 아니라 귀걸이나 브로치 같은 작은 소품만 착용하는 편이 나을 수도 있다. 상갓집에서 빨간색 옷에 빨간 립스틱을 바르는 것은 '센스'라고 해석되지 않고, 모두들 편안한 노타이 차림의 캐주얼한 복장인데 혼자서 감색 수트와 타이 그리고 윙팁 슈즈를 말끔하게 차려입고 나타나는 것도 '분위기 파악 못 한다'는 소리를 듣기 십상이다.

이미지 메이킹에 대해 사람들의 관심이 많아진 만큼 이에 대한 정보는 인터넷을 통해서도 얼마든지 찾아볼 수 있다. 이번 기회에 다시금 본인의 이미지에 대해 점검해보길 바란다.

🗨 표정과 자세: 당당한 모습이 자신감을 만든다

TPO에 맞는 복장과 사이즈에 맞는 깔끔한 차림의 옷, 단정한 헤어스타일이면 겉으로 드러나는 외적인 부분에 대한 문제는 상당히 해소된다. 그럼에도 불구하고 상대방이 나를 판단하는 첫인상을 좋은 쪽으로 유도하기에는 부족하다. 왜냐하면 TPO에 맞는 옷차림만큼이나 중요한 것이 빠져 있기 때문이다. 그것은 바로 '비언어'에 대한 것이다. 나의 표정과 자세 그리고 자신감 있는 제스처 등이야말로 상대방이 나에 대한 판단을 내리는 중요한 근거가 된다.

스피치에 대한 강의를 할 때 이런 내용을 전달하면 "나는 잘생기지 않았는데" 혹은 "안 예쁜 사람은 어쩌라는 말입니까?"라고 볼멘소리를 하는 사람들도 있는데 생김새가 중요한 게 아니다. 당당하고 자신감 있는 태도는 타고난 외모를 상당 부분 보완해줄 수 있다.

'원더우먼 자세'라는 단어를 유행시킨 사회심리학자 에이미 커디는 테드TED 강연에서 자신감 넘치는 자세가 실제로 자신감을 불어넣어준다는 사실에 대해 말했다. 원더우먼 자세는 우선 의자에서 일어나 정면을 응시하고 선 채 양 주먹을 허리에 붙이는 자세를 취하는 것이다. 딱 2분만 그런 자세를 취하고 있어도 실제로 신체의 호르몬 분비가 달라진다고 한다. 2017년 개봉한 영화 〈원더우먼〉의 원작인 TV 드라마에서 주인공인 원더우먼이 이런 자세를 항상 취했던 것에서 유래된 '원더우먼 자세'는 자신감이 부족해서 스스로를 작고 낮게 평가하는 사람도 당당하고 자신감 있는 사람으로 비춰지게 만든다.

필자는 실제로 진행을 하거나 연기를 하기 위해 무대에 오르기 전 떨리는 마음을 다잡기 위해 이 원더우먼 자세를 1분 이상 취하기도 한다. 당당한 걸음걸이와 밝은 표정으로 관객들을 맞이하기 위해서.

값비싸고 좋은 옷이 아니더라도 깔끔하고 정돈된 복장과 이런 자신감 넘치는 자세는 누구나 조금만 신경 쓰면 할 수 있는 부분이다. 만약 여러분이 면접 자리나 팀별 발표처럼 중요한 순간 직전에 사람들이 하는 행동을 유심히 관찰해본다면 에이미 커디 박사의 주장에 더

욱더 귀를 기울이게 될 것이다. 사람들이 고개를 숙이고 있거나 초조한 듯 일어서서 주위를 서성이거나 옷에 뭐가 묻지 않았는지를 살펴보고, 옷매무새를 단정하게 매만지는 행동을 무의식적으로 하는 것도 초조하고 불안한 심리 상태를 반영하는 것이다. 그리고 이런 심리 상태는 대부분 상대방에게 그대로 노출된다.

우리가 흔히 '말을 잘한다'고 하는 사람들을 떠올려보면 그들의 말은 보통 사람들보다 훨씬 풍부하다는 것을 느낄 수 있다. 그것은 입에서 나오는 말뿐만 아니라 자세나 제스처, 표정의 요소들을 잘 활용하기 때문이다. 이런 비언어적인 요소들은 OBC 법칙처럼 말하기에 대한 두려움을 극복하는 단계에서 함께 연습하고 몸에 익혀둘 필요가 있다. 입으로 하지 않는 '비언어'가 더해질 때 우리의 말은 한결 더 풍부해지고 생생해지기 때문이다.

말하기에 있어서 전문가인 아나운서들이나 유명한 강사들, 그리고 말을 잘한다고 평가받는 사람들이 이야기하는 모습을 자세히 보면 어떤 상황에서 어떤 사람을 만나더라도 당당함을 잃지 않는다. 이런 당당한 자세는 거만함과는 다른 것이다. 긍정적이고 적극적인 태도는 상대방으로 하여금 나의 말에 대한 신뢰도를 높이는 분명한 요소가 된다는 점을 기억하자. 앞서 언급한 '원더우먼 자세'가 스피치 하는 상황에서 위축되지 않고 자신감을 갖기 위해 필요한 것이라면, 실제로 말을 해야 하는 상황에서 필요한 자신감 있는 자세란 우선 허리를 곧게 펴는 것에서부터 시작할 수 있다.

스피치는 등장할 때부터 퇴장할 때까지의 전 과정이 중요하다는 것을 기억하자. 단상을 향해 걸어 나갈 때부터 자신감 있고 침착한 걸음걸이여야 한다. 허리가 구부정하거나 어깨가 축 늘어진 사람을 보면서 '호감이 간다'고 느끼지는 않기 때문이다. 양쪽 어깨를 자연스럽게 펴고 몸을 상대방을 향해 열어주는 것이 좋다. 손으로 다른 쪽 팔의 팔꿈치를 만진다거나 몸의 일부를 무의식적으로 가리는 자세는 좋지 않다. 두 발은 어깨 넓이로 벌린다. 스커트를 입을 경우에도 자신의 무게를 지탱할 수 있을 만큼 두 다리로 확실히 발을 디디자. 가슴은 펴고, 고개는 정면을 향하도록 하자. 필요하다면 자세에 변화를 주어 서 있는 위치를 바꾸는 것도 괜찮다. 위치를 이동할 때에도 자신감 있게 두세 걸음 당당하게 걸어나간다.

무의식적으로 짝다리를 짚고 있다거나 팔짱을 끼고 있다거나, 그도 아니면 주머니에 손을 집어넣고 있지는 않은지 신경 써야 한다. 이런 자세들은 보는 사람으로 하여금 욕구불만에 차 있거나 거만한 것 같은 인상을 줄 수 있기 때문이다. 또한 사람들에게 좋은 인상을 주려면 손가락 하나에도 신경을 써야만 한다. 간혹 발표 자료를 가리킬 때 무심코 가운데 손가락을 사용하는 사람들이 있는데 그때마다 괜히 필자의 가슴이 덜컹하는 느낌을 받곤 한다. 말하고자 하는 바를 보다 효과적으로 전달하고 싶다면 제스처를 자연스럽게 하는 방법도 좋다. 상황에 맞게 팔을 벌리거나 손끝에 힘을 주어 표현하면 청중의 시선을 집중시키고 적극성을 어필할 수 있다.

요즘 손바닥이 아니라 손등이 보이도록 V자 모양을 하는 사람들도 있는데, 이 모양은 서양 문화권에서는 여성의 자궁을 의미하는 것이기 때문에 절대 해서는 안 되는 금기 중의 금기로 꼽히고 있다. 영국 엘리자베스 여왕이 즉위하고 얼마 되지 않았을 무렵 한 승마 대회에서 우승한 기수가 너무나 기쁜 나머지 여왕에게 손등이 보이는 V자 모양의 손가락 인사를 했다가 여왕에 대한 모독이라는 언론의 질타와 여론의 비난을 받고 혼쭐이 났던 일도 있었다.

국민 MC라고 불리는 유재석의 행동을 유심히 지켜보면 어떤 게스트에게 발언 기회를 주거나 할 때 손가락 전체를 펴고 손바닥이 위로 가게 하는 것을 볼 수 있다. 이렇게 작은 손동작 하나의 디테일도 잘 챙기는 모습을 보면 '역시 국민 MC는 아무나 되는 게 아니구나' 하고 감탄하게 된다. 혹시 내가 무의식적으로 습관처럼 취하는 몸동작이 있지는 않은지, 사람들 앞에서 말을 할 때 긴장감 때문에 자기도 모르게 몸을 앞뒤로 흔들지는 않는지 점검해보자.

표정 또한 상대에게 많은 영향을 미친다. 먼저 기본적으로 밝고 편안한 표정을 지어야 하며, 가장 신경 써야 하는 부위는 눈과 입술이다. 눈 표정도 관리를 해야 한다. 중요한 것은 '따뜻한 눈빛'인데, 이를 위해서는 어떻게 해야 할까? 바로 따뜻한 마음을 가지고 상대를 바라보면 된다. 이게 무슨 소리인가 싶겠지만 실제로 그렇다. 필자는 무대에 오르기 전 긍정적인 생각을 해 자연스럽고 편안한 눈빛을 만들도록 한다. '오늘 이곳에 와주신 분들에게 내가 알고 있는 정보들을 최대한 많이 알려드려야지. 이렇게 도움을 드릴 수 있어 참 감사하다' 하고 생각하는 식이다.

다음으로 신경 써야 할 부분은 입술 표정이다. 광대와 입꼬리를 살짝 올리고, 웃을 때에는 윗니가 보이도록 해야 한다. 인위적인 표정은 무표정만큼이나 비호감이므로 자연스러운 표정을 지을 수 있도록 평소 얼굴 근육을 자주 풀어주는 연습을 하자. '위스키', '오이지', '와이키키'와 같은 단어를 반복하며 입꼬리를 올려보자. 광대를 약간 올리는 듯한 느낌으로 말이다. 따뜻하고 편안한 표정을 장착했다면 스피치 내용에 맞게 표정에 변화를 주면 된다. 슬픈 내용에서는 슬프게, 즐거운 내용에서는 즐겁게 말이다. 말하는 내용과 표정이 어울리지 않으면 듣는 사람들은 오해를 하기 쉽다.

시선 처리의 중요성: 눈은 그 사람의 전부다

TPO에 맞는 깔끔하고 단정한 옷차림과 자신감 있는 몸짓을 통해 나의 첫인상을 긍정적으로 만들 수 있는데 여기에 반드시 하나 더 추가되어야 할 것이 바로 시선 처리다. 시선을 어디에 두느냐에 대한 고민도 필요한 것이다. 만면에 미소를 짓고 있는 단정하고 말쑥한 차림의 사람과 대화를 나누는 상황을 한번 떠올려보자.

겉으로 보이는 모습만으로도 '오, 이 사람 멋있다' 하고 호감을 갖고 상대방의 말에 귀를 기울이고 있는데 정작 이 사람은 내가 아닌 딴 곳을 흘긋거리면서 말을 한다면 어떤 느낌이 들까? 아마도 '다른 생각을 하고 있나?' 하는 느낌을 갖게 될 것이고, 이런 모습이 계속되면 '나를 무시하는 건가?' 하는 생각을 갖게 마련이다. 사람과 사람이 서로의 눈을 마주 보며 이야기를 하는 '아이 컨택eye contact은 그만큼 중요하다.

어떤 경우에도 말을 하는 사람은 자신의 말을 듣는 사람의 눈을 바라봐 야 한다. 그래야만 말을 듣는 사람이 진정성을 느낄 수 있기 때문이다. 사 람의 눈을 '마음의 창窓'이라고 비유하는 것은 전적으로 옳은 견해다.

시선 처리에 대해서는 문화권에 따라 조금씩 차이가 존재한다. 가 끔 외국의 영화나 드라마를 보면 우리와 같은 동양 문화권과는 조금 다 른 점을 발견할 수 있다. 서양 사람들은 상대방과 대화를 나눌 때 눈 을 쳐다보지 않으면 무언가를 숨기는 것이라고 생각한다고 한다. 반 면 우리나라와 같은 동양 문화권에서 자란 사람들은 상대방의 눈을 빤 히 쳐다보는 것에 익숙하지가 않다. 실제로 스피치 강의나 실전 시뮬 레이션 트레이닝에서 "상대방의 눈을 응시하라"고 조언하면 그것에 대 해 부담스러워하는 사람들이 많다.

상대방의 눈을 응시하라는 말은 잡아먹을 듯이 이글이글 타오르는 눈 빛을 상대방에게 보내라는 것이 아니다. 모자라지도, 과하지도 않은 '어 느 정도의 선'을 지키는 것이 좋은 대화를 위해 필요한 시선 처리 요령 이다. 상대방이 말을 하는 동안 한 번도 쳐다보지 않는다면 '내 말에 관 심이 없나? 무시하는 건가?' 하는 생각이 들게 마련이고, 뚫어질 듯 응시 를 하면 '나한테 불만 있나?' 하는 생각을 갖기 십상이다.

사람들이 많은 장소에서 스피치를 할 때에는 청중이 앉아 있는 자 리를 골고루 보면서 한 사람, 한 사람 눈을 마주치는 것이 효과적이

다. 맨 왼쪽 사람과 맨 오른쪽 사람, 그리고 맨 뒷사람을 기준으로 부채
꼴 모양의 범위를 만들어보자. 부채꼴 범위를 설정하면 더 이상 내 눈
은 천장이나 바닥을 볼 필요가 없다. 천천히 한쪽 끝에서 다른 쪽 끝으
로 시선을 오가며 말하는 것이 자연스럽다.

필자는 많은 사람들 앞에서 강의를 할 때 가장 뒷줄에 앉아 있는 사람
을 기준으로 지그재그 형태로 시선을 주면서 말을 이어나가곤 한다. 이
때 '한 문장에 한 사람'이라는 원칙을 지킨다. "안녕하세요, 아나운서 손
영주입니다"라고 말하면서 가장 뒤에 있는 한 분에게 시선을 준 후, 조
금 앞줄 오른쪽에 있는 사람을 보며 "여러분은 스피치를 하는 상황에
서 어떤 부분이 가장 어려우세요?"라고 다음 문장을 말한다. 그리고 그
다음 문장은 조금 앞줄 왼쪽 분과 눈을 맞추며 말하는 식이다. 한 문
장에 한 사람이라는 원칙을 지키면 너무 빨리 시선을 회피하거나 오
래 바라보는 부담을 덜 수 있고, 청중으로 하여금 '나에게 말하고 있구
나'라는 느낌이 들게 해 일방적인 스피치보다 소통하는 느낌으로 다
가갈 수 있다. 시선을 옮길 때에는 몸의 방향도 같이 움직여 사시가 되
지 않도록 주의하자.

가까운 거리에 있는 사람에게 이야기할 때 한 가지 힌트를 주자면 따
뜻한 표정으로 '왼쪽 눈을 보는 것'이다. 상대방의 말을 들으면서 내가
바라볼 때 상대의 왼쪽 눈을 쳐다본다는 생각으로 시선을 두면 바라보
는 나도 어색하지 않으면서 상대방도 부담을 덜 느낄 수 있다.

'어떻게 하면 말을 잘할 수 있을까?'에 대한 고민은 '내가 사람들에게 어떻게 보일까?'에 대한 고민과 함께 해야 한다. 나에 대한 첫인상과 첫마디의 말은 사람들로 하여금 나에 대한 기본적인 판단을 내리는 중요한 요인으로 작용한다. '이미지 메이킹'이 필요한 것도 그 때문이다. 사람들은 후줄근한 차림의 사람보다 깔끔한 정장 차림의 사람의 말에 더 신뢰감을 가진다. 꼭 비싼 명품이 아니더라도 깔끔하고 단정하고 사이즈에 잘 맞는 옷을 입는 것만으로도 긍정적인 첫인상을 만들 수 있다.

또한 아무리 복장을 잘 갖춰 입었다고 하더라도 자세가 어딘지 모르게 위축되어 있거나 불량스럽다면 좋은 이미지를 심어주기 힘들다. 당당하고 반듯한 자세를 취하고, 자신감 있는 포즈를 보여줘야 한다. 손짓과 몸짓 하나에도 주의를 기울여야 하는 것은 물론, 말을 듣는 상대방의 눈을 바라보는 아이 컨택도 필수다. 눈은 사람의 마음을 반영한다는 말도 있듯이 이야기를 할 때 눈을 바라보지 않는다면 진정성이 의심받을 수밖에 없다.

상대방의 눈을 따뜻한 눈빛으로 지긋이 바라보면서 대화를 나눠라. 많은 사람들 앞에서 말을 해야 하는 상황이라면 뒷줄에 있는 사람들부터 지그재그 형태로 얼굴에 시선을 두며 대화를 하듯 말을 하자.

어깨를 펴고 허리를 세워서 몸을 열어 보이자. 만약 도저히 불안한 마음을 떨칠 수 없다면 다리를 어깨 넓이로 벌린 후 허리에 양손을 얹은 채 정면을 똑바로 응시하라. '원더우먼 포즈'를 딱 2분만 취해보자. 없던 용기도 생길 것이다. 쓸데없이 몸을 흔들거나 하지 말자. 손짓 하나에도 당신의 가치가 떨어질 수 있다.

기억하자. 나의 첫인상이 나에 대한 거의 모든 것을 결정할 수 있다.

🔊 **손 아나의 꿀팁!**

1) 다음 날 입을 의상이나 헤어스타일을 전날 미리 준비하는 것을 추천한다. TPO에 맞게 하루 중에 만나야 할 사람들이나 일정의 목적에 따라 콘셉트를 정해 준비해두자.

2) 평소의 본인 표정은 본인만 모른다. 우연히 찍힌 사진을 보고 사진이 정말 이상하게 나왔다고 생각할지 모르나 그 모습이 평소 본인의 표정일 수도 있다. 본인이 말하고 있는 모습을 동영상이나 사진으로 찍어 확인해보면 어떨까.

3) 매 순간 아이 컨택을 신경 쓰고 따뜻한 표정을 유지하는 것은 쉽지 않다. 처음 사람을 만날 때나 발표하러 올라가는 순간만이라도 따뜻함이 눈으로 표현될 수 있도록 신경 쓰자.

4) 스피치를 해야 하는 상황에서 처음 시작 1분은 매우 중요하다. 표정과 자세뿐 아니라 내가 처음 1분 정도 해야 할 말은 완벽히 숙지하자. 자다가 일어나서도 말할 수 있을 만큼 말이다. 용기는 연습에서 나오고 그에 따른 좋은 경험이 자신감을 만든다.

2강 3장
'첫마디'의 순간,
목소리 점검하기

첫인상을 좋게 만드는 방법을 알았으니 이제부터 본격적으로 '말'과 직접적인 관련이 있는 '목소리'에 대한 이야기를 해보자. 적당한 울림이 있거나 맑고 청아한 목소리는 겉모습만큼이나 호감을 높이는 중요한 역할을 한다.

앞에서 다룬 방법을 통해 첫인상의 순간을 순조롭게 시작했다면 우리는 '첫마디'의 순간을 맞게 된다. 좋은 첫인상이 나에 대한 평가를 긍정적인 방향으로 이끈다면 첫마디의 말은 그것을 확인시켜주는 역할을 한다. 처음 하는 한마디의 말은 '역시 내 느낌이 맞았어'라는 확신과 함께 상대방으로 하여금 나에 대한 긍정적인 관심을 증폭시켜주기도 한다. 반면 예상치 못했던 탁한 목소리나 힘없이 가느다란 목소리에는 순식간에 '뭐지, 이 사람?'이라는 반응을 보이기도 한다. 이렇게 우리의 목소리는 신뢰감을 더하는 중요한 요소가 되기도 하고, 기대감을 깎아먹

98

는 마이너스 요소가 되기도 한다.

이를테면 잘생기고 훤칠한 미남, 미녀들이 많은 연예계에서 얼굴이나 몸매보다 멋있는 목소리로 많은 사랑을 받는 사람들이 있다. 목소리만큼은 어디 내놓아도 손색이 없다는 평을 받는 전직 성우 출신 영화배우 한석규나 김명민, 이선균 같은 배우들이 그런 경우다. 이 배우들의 목소리를 듣고 있노라면 왠지 이 사람들이 하는 말은 모두 사실이고 진실일 것만 같은 느낌마저 들곤 한다. 좋은 목소리가 주는 긍정적인 효과는 이렇듯 분명하다. 예를 들어 한 번도 만나지 않은 사람이라고 하더라도 전화 통화 시의 목소리만으로 호감을 주는 것이 가능하다.

호흡, 발성, 발음을 연습하라

'나는 타고나기를 목소리가 좋지 않은 걸 어떻게 하지?' 이런 고민을 할 수도 있다. 그런데 천만다행으로 상대방에게 호감과 신뢰감을 주는 목소리는 만들어질 수 있다. 사람들에게 신뢰감을 주는 목소리의 대표적인 직업군이 바로 아나운서다. 흔히 아나운서들은 원래부터 목소리가 좋았을 것이라고 오해하는 경향이 있다. 물론 대부분의 아나운서들이 목소리 톤 자체가 좋기는 하지만 사람들이 신뢰하는 가장 큰 이유는 아나운서 특유의 말하기 방법 때문이다.

아나운서처럼 울림이 있는 목소리로 신뢰감을 주려면 기본적으로 호흡과 발성을 다져야 한다. 그래서 스피치 학원이나 아나운서 학원에서는 가장 먼저 호흡과 발성을 연습하게 한다. 필자 또한 가늘고 얇은 목소리를 울림 있는 소리로 바꾸기 위해 부단히 노력했으며, 매일 말을 많이 해야 하는 직업상 목 관리에도 신경을 쓰는 편이다.

누구라도 꾸준히 체계적으로 연습을 한다면 분명 사람들에게 "참 듣기 좋고, 알아듣기 편하게 말을 한다"는 소리를 들을 수 있다. 아나운서도 타고나는 것이 아니라 만들어지는 것이다. 한석규나 이선균처럼 울림이 있는 목소리가 아니더라도 연습을 통해 더 나은 목소리가 될 수 있다. 자신의 목소리를 인식하고 말하는 것만으로도 느낌이 달라진다. 적당히 울림이 있고 신뢰감을 주는 목소리는 전하려고 하는 내용이 다소 빈약하더라도 상대방에게 효과적으로 전달될 수 있다. 실제로 어떤 사람의 목소리 톤이 전달하려고 하는 내용보다 더 중요하다는 것은 연구 결과로 밝혀지기도 했다. 자기 자신이 하는 말 자체에 자신감을 갖는 한편, 긍정적이고 듣기 편한 목소리를 만들기 위해 매일 조금씩 시간을 들여보자.

복식호흡 연습 방법

복식호흡은 호흡을 내뱉으며 천천히 말하는 방법이다. 복식호흡을 하면 목소리가 크게 나오면서도 목에 무리가 가지 않게 된다.

먼저 편안하고 바른 자세를 만드는 것이 중요하다. 허리와 어깨를 펴고, 가슴은 앞으로 나오지 않도록 하자. 이때 다리는 어깨 너비로 벌리며, 시선은 멀리 보고, 턱은 약간만 당긴다. 좋은 목소리를 갖기 위해서는 복식호흡이 필요하다.

복식호흡의 핵심은 배 근육을 이용하는 것이다. 배가 천천히 나오는 것이 느껴질 때까지 숨을 들이쉬고, 내쉴 때에는 복부에 힘을 주면서 폐에서 천천히 공기가 나가게 해야 한다. 종이를 10cm 거리 앞에 두고 배에서 공기를 끌어올린 후 30초에서 1분 동안 계속 불어보자. 중간에 숨이 끊이지 않도록 일정한 속도를 유지하며 종이가 계속 움직이도록 해야 한다.

함께 연습해봅시다

1. 허리와 등과 머리를 곧게 펴고 편안하고 바른 자세를 만든다.

2. 내 몸을 풍선이라고 생각하고 숨을 들이쉴 때 아랫배 안쪽까지 충분히 깊게 숨이 가득 차도록 공기를 채운다.

3. 숨을 들이쉴 때에는 가슴이나 어깨가 움직이지 않도록 주의하며 천천히 들이마신다.

4. 배에 힘을 주면서 숨이 다 빠져나가 배가 홀쭉해질 때까지 길~게 내쉰다.

5. 숨을 한 번에 내쉬지 말고 종이를 10cm 앞에 두고 천천히 내쉬는 속도를 유지해 종이가 일정하게 움직이도록 한다.

6. 배가 홀쭉해지면 숨을 다시 크게 들이마시고 천천히 내쉬기를 반복한다. 숨을 들이마실 때 아랫배가 부풀어오르고 숨을 뱉을 때에는 배가 들어간다는 것을 기억하자.

발성 연습 방법

발성 연습을 하기 위해서는 호흡을 내쉬는 대신 '아~' 하고 소리를 내는데, 입을 크게 벌리고 목구멍을 동그랗게 만들어 얇고 가는 소리 대신 울림 있고 풍성한 소리를 내도록 한다. 소리는 성대에서 나오는 것이다. 공기가 나갈 공간이 없으면 풍성한 소리가 나올 수 없다. 입을 위아래, 양옆으로 크게 벌리자. 하품을 하면 혀뿌리가 바닥에 닿으며 목이 열리는 느낌이 날 것이다. 목구멍이 동그랗게 만들어지는 것이다. 이때 가슴이 움직이지 않도록 고정하고 배만 움직여 성대를 자극하지 않고 입 밖으로 소리가 나오도록 해야 한다.

> **함께 연습해봅시다**

1. 복식호흡으로 숨을 들이마시고 입을 크게 벌리되 목에는 힘을 빼고 아랫배에만 힘을 주며 '아~' 하고 소리를 내본다.

2. 가장 내기 편안한 소리로 깊고 길게, 나의 소리에 화살표가 달려 있다고 생각하고 포물선을 그려 멀리 뻗어나가도록 내보낸다.

3. 이때 한 번에 소리를 내뱉기보다 공기의 양을 조절해 일정하게 소리가 나가도록 하고 숨이 모두 나갈 때까지 끝까지 뱉는다.

4. 기본 발음표(가나다라마바사)대로 연습해본다. (숨을 들이마시고) '가~' (끝까지 뱉은 후 다시 들이마시고) '나~'

5. 익숙해지면 문장으로 연습한다. 의미가 끊어지는 부분에서 숨을 들이마시고 말하는 방식이다.(복식호흡으로 마신 후) 안녕하십니까, (호흡) 제 이름은 ○○○입니다. (호흡) 만나서 반갑습니다.

6. 긍정의 감정을 가지자. 감정이 목소리로 표현된다. 밝고 상쾌한 느낌으로 소리

를 낸다고 생각하자.

발음 연습 방법

복식호흡, 목을 연 발성과 더불어 중요한 것이 발음이다. 아나운서들은 설득력 있고 신뢰감 주는 목소리를 갖기 위해 피나는 훈련을 하는데, 무엇보다 정확한 발음을 구사하기 위한 연습은 필수다. 목소리는 참 좋은데 발음이 샌다거나 웅얼웅얼한다면 호감을 줄 수 없다. 아나운서들의 발음 교정 연습 문장인 '간장공장 공장장은 강공장 공장장이고…'나 '시청 창살 쇠창살은…'은 입에서 단내가 나도록 연습을 하는 고정 레퍼토리다. 필자 또한 입 양쪽에 굳은살이 밸 정도로 입을 크게 벌리고 정확한 발음을 하기 위해 연습을 했다.

발음을 정확하게 하기 위해서는 발성과 마찬가지로 입을 크게 벌려야 한다. 발음에서 중요한 곳은 혀, 입술, 아래턱이다.

입술 운동: 마바파 마바파 마바파 마바파

턱 운동: 타나다 타나다 타나다 타나다

혀 운동: 라리루 라리루 라리루 라리루

코 운동: 홍콩송 홍콩송 홍콩송 홍콩송

한글의 모음 '아에이오우'^{단모음}는 입 모양에 따라 발음된다. 발음을 정확히 하려면 입술과 혀, 턱을 부지런히 움직여야 한다.

이중모음은 '단모음+단모음'의 변화를 빠르고 정확하게 입모양을 두 번 움직여 발음한다. 예를 들어 '의사'를 발음할 때 '의'는 '으+이'의 결합이다.

ㅛ: ㅣ + ㅗ

ㅠ: ㅣ + ㅜ

ㅖ: ㅣ + ㅔ

ㅒ: ㅣ + ㅐ

ㅘ: ㅗ + ㅏ

ㅝ: ㅜ + ㅓ

ㅙ: ㅗ + ㅐ

ㅞ: ㅜ + ㅔ

자음 'ㄱ, ㄴ, ㄷ, ㄹ' 등은 혀의 위치와 턱의 움직임에 따라 발음된다.

ㄱ: 입 안 쪽 목에서 발성이 나오며 힘을 받쳐준다.

ㄴ: 혀가 윗니 뒤에 닿다가 떨어져야 한다.

ㄷ: 혀가 이와 잇몸의 경계선에 닿는다.

ㄹ: 혀를 입천장을 건드렸다가 굴려야 한다.

ㅁ, ㅂ: 혀로 내는 것이 아닌 입술이 붙었다 떨어지며 소리를 낸다.

ㅅ: 혀와 입천장 사이에서 바람을 내면서 마찰소리를 내는 것인데, 이

때 바람 소리를 줄여야 전달이 잘된다.

아는 것보다 연습하는 것이 중요하다. 입을 벌려 또박또박 발음하는 연습을 해보자.

경찰청 창살은 쇠 쌍창살이고, 검찰청 창살은 철 쌍창살이다.
저기 저 뜀틀이 내가 뛸 뜀틀인가, 내가 안 뛸 뜀틀인가.
작년에 온 솥 장수는 헌 솥 장수이고, 금년에 온 솥 장수는 새 솥 장수이다.

🗨️ 말의 빠르기와 멈춤, 강약을 조절하라

들는 사람에게 울림을 주기 위한 또 하나의 포인트는 말할 때 강조점을 주는 것이다. 언젠가 한 남성이 굉장한 저음의 목소리를 갖고 있지만 정작 말을 할 때 높낮이가 없어서 "듣는 사람들이 맨날 지루해하는데 어떻게 하지요?"라고 고민을 털어놨다. 이에 필자는 "말에 포인트를 줘보세요"라고 조언했다.

듣는 사람들이 지루함을 느끼는 것은 말의 속도가 항상 일정하거나, 목소리 톤에 특별히 높아지거나 낮아지는 포인트가 없기 때문이다. 두드러지는 대목 없이 일정한 높낮이와 속도로 말이 계속되면 사람들은 당연히 지루해할 수밖에 없다.

그런가 하면 정반대의 경우도 있었다. 한번은 한 여성 강사가 많은 사람들 앞에서 강의하는 것을 지켜본 일이 있었다. 이 강사의 목소리가 카랑카랑하고 약간 찢어지는 톤이어서 '강의가 쉽지 않겠는데' 하며 조심스럽게 지켜봤는데 뜻밖에 반응은 좋았다. 이분은 자신의 목소리에 대해 연구를 많이 한 듯했다. 강의 중간중간 옆에서 친구에게 귀엣말을 하는 것처럼 작게 말을 하다가도 자신이 자랑하고 싶은 대목에서는 뒤꿈치를 번쩍 들면서 갑자기 목소리를 키워 말하기도 했다. 이야기를 듣고 있던 많은 사람들이 그 강사의 완급 조절에 덩달아 반응을 하고 있었다. 강조해야 할 부분을 어떻게 표현해야 하는지를 잘 알고 있는 사람이라는 생각이 들었다. 이렇게 내가 하는 말에 사람들의 관심을 한껏 고조시키고, 그 관심이 흩어지지 않도록 잘 관리하는 노하우가 필요하다. 그 방법 중 하나가 바로 말의 빠르기와 멈춤 그리고 강약이라는 요소를 적절하게 사용하는 것이다. 바로 3P_{Pace, Pause, Power}를 잘 활용해야 한다.

사람들이 주의를 집중하는 물리적인 시간은 생각보다 그리 길지 않다. 따라서 제아무리 감동적인 멘트와 유창한 화술로 무장한 사람이라고 하더라도 처음부터 끝까지 청중들의 관심을 한껏 고조시킨 상태를 유지하기란 거의 불가능에 가깝다.

말을 할 때에는 빠르기_{Pace}와 멈춤_{Pause} 그리고 강조점_{Power}의 세 가지 요소를 잘 활용하는 지혜가 요구된다. 이 세 가지 요소를 통해 말을 듣는 사람의 집중도를 더 올릴 수 있다. 그 대표적인 예로 '프레젠테이션의 모범, PT의 신'으로까지 추앙받았던 애플의 전 CEO 스티브 잡스의 PT를 들 수 있다. 잡스의 말하는 능력은 늘 찬사의 대상이 되곤 했는데 "Stay Hungry, Stay foolish"라는 유명한 스피치나 아이폰을 처음 세상에 등장시켰을 때의 발표회, 그리고 그 이후 해마다 그가 행해왔던 PT를 보다 보면 '사람들의 기억에 남는 말하기가 어떤 것이어야 하는가?'에 대한 하나의 교훈을 얻을 수 있다.

그는 프레젠테이션 중간중간 가끔씩 아무 말도 하지 않고 가만히 있곤 했다. 하지만 이 모습을 보면서 누구도 그의 프레젠테이션에 문제가 있다고 생각하지는 않았다. 대신 '뭐지? 왜 그러는 거지?'라는 새로운 긴장감으로 그를 지켜보게 되었다. 잡스가 갑자기 말을 하지 않고 짧은 침묵을 한 이유가 바로 거기에 있다. 제아무리 훌륭하고 멋진 연설과 발표라 하더라도 듣는 사람들의 집중력은 계속될 수 없기 때문에 중간중간 해이해지는 청중들의 집중도와 관심을 끌어올리기 위해 일부러 침묵의 순간을 만든 것이다. 음악에서 쉼표가 갖는 의미와 같다. 입으로 하는 말이 아닌 침묵의 순간도 말을 보다 더 효과적으로 전달할 수 있는 방법이다.

말을 잘하기 위해서는 말을 잘 멈출 줄도 알아야 한다. 내가 하고자 하는 말을 상대방에게 효과적으로 잘 전달하기 위해서는 중간중간 쉼표를 줄 필요가 있다. 속사포처럼 쏘아댄다고 해서 말을 잘하는 것은 아니다. 듣는 사람은 생각하지 않고 계속 말을 이어간다고 해서 그것을 모두 이해하고 받아들일 수 있는 것도 아니기 때문이다. 그렇다면 '어떻게 중간중간 말을 잘 멈추고 쉴 수 있을까?'에 대해 고민해볼 필요가 있다. 쉼표를 두어야 할 곳이나 중요한 키워드를 말하기 전, 그리고 청중들에게 질문했을 때 잠깐씩 멈춰보자.

빠르기 연습

평소 말하던 속도를 유지하고 강조하고자 하는 문구를 좀 더 천천히 읽는다. 강조하려는 첫 단어의 모음을 늘려서 말한다.

영주는 강민이에게 좋(조—)아한다고 말했습니다.

퍼즈 연습

강조하고자 하는 부분 앞에서 퍼즈를 둔다.

다음 말에서 '위해서는' 다음에 마음속으로 '하나'를 세고 말한다.

우리가 성공하기 위해서는 / (하나) 말을 잘하는 연습을 해야 합니다.

강약 연습

톤을 높이거나 낮추기, 소리를 크게 하거나 작게 하는 것으로 강조가 가능하다.

다음 말에서 강조 부분을 한 톤 높여 조금 크게 말해보자.

나는 나의 능력을 신뢰합니다.

다음 말에서 강조 부분을 한 톤 낮춰 조금 작게 말해보자.

나는 그 사람을 사랑합니다.

집에 있는 책을 하나 꺼내 빠르기와 퍼즈, 강약을 표시하고 연습해봐도 좋다. 처음에는 대본으로 연습하다가 익숙해지면 실제 말하기에도 적용이 가능해진다.

본인의 목소리를 녹음해서 들어보자. 본인의 문제를 모르겠다면 전문가에게 한 번쯤 도움을 받는 것도 좋다. 말은 평생 해야 하니 말이다.

사람들에게 공감을 이끌어내는 데 있어서 목소리는 중요한 역할을 한다. "예? 뭐라고요?"와 같은 반응을 자주 듣는다면 목소리가 너무 작거나 발음이 부정확하지는 않은지 점검해볼 필요가 있다. 안정된 호흡과 발성을 통해 신뢰감을 전해주는 목소리를 만들어보자.

또 말을 어떻게 강조할 수 있는지에 대해서도 관심을 기울여야 한다. 한결같은 것이 성격에 있어서는 좋을지 모르지만 말에 있어서는 그렇지 않다. 때로는 빠르게, 때로는 느릿느릿 흘러가는 시냇물처럼 완급을 조절하는 것이 중요하다. 전략적으로 말을 멈춰야 하는 순간, 즉 휴식이 필요하다는 것도 잊지 말아야 한다. 뿐만 아니라 강조할 부분에서는 말에 한껏 힘을 실어주거나 소리를 낮추는 테크닉이 필요하다. 밀고 당기는 것만 잘해도 연애는 잘할 수 있고, 낄 때 끼고 빠질 때 확실히 빠지는 것만 잘해도 어디 가서 "눈치 없다"는 소리는 듣지 않는다.

🔊 손 아나의 꿀팁!

1) 조사와 어미를 신경 쓰자
조사와 어미를 내리면 진중함이 느껴진다. 보통 조사에 힘을 주어 주제보다 다른 말이 강조되기도 한다. 또 끝나는 어미 '다' 다음에 '야'가 있다고 생각해 '했습니다야'라고 말해보자. 어미가 짧게 발음되면 신뢰가 느껴지지 않는다.

2) 첫 음절에 악센트를 준다
아나운서가 뉴스를 진행하는 모습을 유심히 살펴보면 첫 음절에 악센트가 있는 것을 알 수 있다. 아나운서를 흉내 낸다는 생각으로 첫 음절에 악센트를 주어 연습해보자.

3) 본인의 습관어를 찾아라
- '음, 어, 아' 등의 의미 없는 습관어를 없애자.
- 주어 없이 말하는 사람이 의외로 많이 있다. 주어를 신경 써보자.
- '사실', '하지만', '너무나' 등의 특정 표현을 지나치게 많이 쓴다면 줄이도록 노력하자.

4) 성대 관리
미지근한 물을 자주 마시고 허밍을 한다. 허밍은 성대가 마르지 않고 적당히 운동할 수 있게 해준다. 콧노래 부르듯이 허밍을 자주 하자. 목 앞쪽을 손을 따뜻하게 해서 감싸듯이 마사지를 해주어도 좋다.

3강

말하기 심화:
이성과 감성으로
마음 사로잡기

OBC 법칙으로 말하기의 틀을 장착하고 이미지와 목소리를 개선했다면 이번에는 탄탄한 콘텐츠로 말을 풍성하게 구성하는 방법을 익힐 차례다. 이 단계는 말하기의 심화 단계다.

필자 역시 가끔씩 강의를 하다가 말이 막힐 때가 있다. 원숭이도 나무에서 떨어진다는 말처럼 간혹 곤혹스러운 경우가 있는데, 대부분 논리가 막히거나 예시가 딱히 떠오르지 않을 때다. 이럴 때에는 듣는 사람들보다 필자가 먼저 '뭔가 이야기가 잘못되어가고 있구나' 하는 것을 느낀다. 앞에서 했던 주장과 뒤에서 말하려는 내용이 서로 충돌하는 웃지 못할 상황에 점점 빠져들기도 한다. 말이라는 것이 일정한 흐름을 가져야 하는데 갑자기 말을 바꾸는 것이 쉽지도 않거니와 말을 하고 있는 나 역시도 어색하기 이를 데 없기 때문이다.

이를테면 어렸을 적 거짓말을 했던 때를 떠올려보자. 처음에는 별것 아닌 이유로 작은 거짓말을 한 것인데, 사람들과 이야기를 이어가려다 보니 점점 일이 커져 속으로 무척 당황했던 경험이 있을 것이다. 거짓말을 계속하다 보면 어쩔 수 없이 앞뒤가 맞지 않게 된다. 그 이유는 거짓말의 가장 큰 약점이 논리의 빈틈에 있기 때문이다. 아무리 현란한 언변을 갖고 있어도 논리가 없으면 상대방이 그것을 알아차릴 수밖에 없을뿐더러 스스로도 '망했다'는 낭패감을 느끼게 된다. 당연히 이런 말이 상대방에게 먹힐 리는 없다.

'감동感動'이라는 말을 한번 살펴보자. 감동은 무언가를 '느끼고感' '움직인다動'는 단어가 합쳐진 말이다. 공감共感이라는 말이 상대방과 함께 느끼는 것이고, 감동感動이라는 단어가 느끼고 행동하게 되는 것이라고 본다면 한 쌍의 묶음처럼 즐겨 사용되는 이 말에도 순서가 있다는 것을 눈치 챌 수 있다. 우리가 결국 원하는 것은 우리의 말에 상대방이 같은 것을 느끼게 되는 것이고, 더 나아가서 어떠한 행동을 취하게 만드는 것이다. 그런 의미에서 우리는 이성뿐 아니라 감성에도 다가갈 수 있어야 한다.

사람은 좌뇌와 우뇌, 즉 이성과 감성이 동시에 움직여야 다른 사람이 하는 이야기에 수긍하게 된다. 논리와 근거를 탄탄하게 다지고 사람들의 마음에 와 닿는 스토리텔링으로 남들과 다른 말을 할 수 있는 내용 구성 방법을 살펴보도록 하자.

탄탄한 논리와 공감하는 감동이 설득력을 높인다

　　말을 하는 데 있어서 객관적으로 수긍할 수 있는 타당한 논리 구조를 갖추는 것에 대해 이야기해보자. 사람들과 많은 이야기를 나누다 보면 여러 가지 측면에서 대화나 토론을 하게 되는 일이 생긴다. 특히나 정치적인 견해가 다른 사람들과 대화를 하는 경우에는 말을 하는 것 자체가 무척 조심스럽고 신경이 쓰일 수밖에 없다. 우리나라 사람들의 성정이 그렇다고 설명하는 분들도 있기는 하지만, 실제로 정치적인 견해와 같은 민감한 주제를 놓고 대화를 할 때 상대방의 주장에 선뜻 동의하기가 쉽지만은 않은 것이 사실이다.

　　주장의 다름을 제외하고 볼 때 '저 사람의 말은 참 섹시하다'는 생각이 드는 경우도 있다. 나와 의견이 일치하지 않더라도 고개를 끄덕일 수밖에 없는 가장 큰 이유는 그 사람의 외모가 준수하기 때문이 아니라 말의 논리가 정연하고 타당하기 때문이다. 말하기의 수준을 한층 높이기 위해서는 반드시 이런 탄탄한 논리 구조를 갖추어야 한다. 그런 노력을 하는 과정에서 '어떻게 하면 나의 말에 논리 구조를 갖출 수 있을까?'라는 의문과 자연스럽게 만나게 된다.

어렵게 생각하자면 한도 끝도 없다. 일상적인 대화를 나누고, 발표를 하고, 연설을 하는 보통의 상황에서 필요한 말하기의 논리 구조는 의외로 간단하다. 이를테면 '모든 동물은 죽는다. 인간은 동물이다. 고로 인간은 누구나 죽는다'와 같은 '삼단논법'도 훌륭한 논리 구조라고 할 수 있다.

일상의 대화에서 논리적으로 말할 수 있는 방법은 '근거'를 갖추는 것이다. 어떤 말을 할 때 어느 정도 신뢰할 수 있는 정보나 객관적으로 수긍할 만한 자료를 제시하는 것이 좋다. 이를테면 우리나라가 선진국인가 아닌가를 이야기할 때 "나는 선진국이라고 생각한다"고 주장한다면 그와 반대되는 생각을 가진 사람도 있을 수 있다. 그럴 때 "OECD에서 발표하는 선진 12개국의 경제지표에 우리나라가 포함되기 때문이다"라고 말하는 것과 "내가 외국에 나가보니까 우리나라 정도면 선진국이더라"라고 말하는 것 중 어느 쪽에 사람들이 더 수긍할 수 있을까?

우스갯소리로 세상에서 가장 신뢰할 수 없는 이론이 바로 "내가 알기론"이라고 하지 않나. 같은 이야기를 하더라도 "인터넷에 보니까 그렇게 나와 있던데"라고 말하는 것과 "BBC 방송을 보니까 그렇게 말하던데"라고 말하는 것을 같은 수준으로 신뢰할 수 없는 것은 당연한 일이다. 주장이 의지하고 있는 근거의 신뢰성credibility이 그만큼 중요하기 때문이다. 누구나 수긍할 수 있는 타당한 근거는 말의 논리를 뒷받침해주는 중요한 역할을 한다.

논리 구조를 갖추는 또 다른 방법은 '사례example'를 드는 것이다. 실제 예를 들어 설명하면 사람들은 훨씬 쉽게 고개를 끄덕이게 된다. 어떤 흥미로운 사건에 대해 이야기를 할 때 "이건 실화야"라고 말하면 사람들이 "그래?"라고 반응하며 자연스레 더 관심을 갖는 것도 그런 이유에서다. '근거'와 '사례'의 차이를 보충설명 하자면 근거가 사례보다 넓은 범위를 포함하는 개념이고, 사례는 그보다는 조금 더 좁고 구체적인 범위라고 보면 된다. 우리에게 필요한 논리가 거창하고 방대한 정보일 필요는 없다. 보편적인 사례만으로도 우리의 말은 충분히 논리를 갖출 수 있다.

지금까지 어떻게 말하면 상대방에게 의사를 더 잘 전달하고 고개를 끄덕이게 할 수 있는지에 대한 몇 가지 방법들을 이야기해보았다. 연극으로 따진다면 대사를 완벽하게 외우는 단계를 지나 상대방의 연기가 눈에 들어오고, 상대방과 대사를 주고받는 호흡에 신경을 쓰는 단계 정도가 될 것이다.

누군가에게 '나'라는 존재가 다가서고 이해되고 받아들여지는 과정의 시작은 결국 말, 내가 하는 말이다. 고로 나의 말이 바로 나라는 사실을 기억하고, 다음 단계로 또 넘어가보도록 하자.

📟 설득력에 힘을 더하는 논리적인 구조: SDS와 PREP

보고서 등 문서 작성을 할 때 글이 한눈에 들어오도록 짜임새 있게 구조화하는 작업은 매우 중요하다. 이 과정을 거쳐야 말하고자 하는 바를 상대방에게 효과적으로 전달할 수 있기 때문이다. 이것은 글쓰기뿐만 아니라 말하기에도 해당되지만 글쓰기와 달리 말하기에서는 구조화 작업이 쉽지 않다.

사람들은 대부분 나열식으로 말하는 데 익숙하다.

"말하다 보니 이야기가 산으로 갔다."

누구나 한 번쯤 경험해본 일일 것이다. 주제에 대해 막연한 주관과 몇 가지 정보만 가지고 나열식으로 이야기를 하다 보면 주제와 동떨어진 방향으로 흐르기 십상이고, 이러한 말은 듣는 사람들을 지루하게 만든다. 특히 스피치를 해야 하는 상황에서 맥락 없이 나열식으로 말하면 메시지도 사라지고, 말을 하는 목적마저 상실할 수 있다. 이러한 불상사를 방지하기 위해서는 '스피치의 틀'을 생각하면서 그 안에 내용을 채워 넣어야 한다. 이것이 말의 구조화다. 앞에서 설명한 OBC가 전체적인 말의 틀이라고 한다면, 말의 구조화는 구체적으로 콘텐츠를 어떻게 구성할지에 대한 것이다.

구조화시켜 말하면 누군가를 설득하거나 보고를 할 때 등 목적이 분명한 스피치에서 자신의 의견을 명확하게 전달하기에 용이하다. 특히 면접 시에 활용하면 더욱 효과적이다. 면접관의 질문에 답변하는 것은 그 자체로 목적이 확실한 스피치이므로 구조화 과정을 거치면 상대방이 답변 내용을 보다 쉽게 이해할 수 있다.

그렇다면 말의 구조화는 구체적으로 어떻게 해야 할까? S-D-S^{Summary,} 요약-Detail, 상세-Summary, 요약 기법은 말을 구조화시키는 데 최적화된 기법으로, 일목요연하게 말해야 할 때 사용되는 가장 기본적인 방법이기도 하다. 먼저 예시를 들어보도록 하자.

S: 저는 음식 중에서 닭 요리를 가장 좋아합니다.
D: 닭고기는 튀겨도 맛있고, 삶아도 맛있고, 훈제로 먹어도 맛있기 때문입니다.
S: 그래서 저는 닭으로 만든 요리를 가장 좋아하는데요, 회사 앞에 치킨집이 새로 생겼던데 같이 가보실래요?

첫 번째 단계의 S는 Summary의 약자로서 말하고자 하는 내용을 요약하는 단계다. 두 번째 단계인 D에서는 앞에서 요약한 내용의 세부 사항을 구체적으로^{Detail} 묘사하고 있다. 첫 번째 단계에서 닭 요리를 좋아한다고 밝힌 다음 두 번째 단계에서 이유를 제시함으로써 첫 번째 단계의 내용을 부연설명 하고 있다. 마지막으로 세 번째 S단계에서는 D단계에서 다룬 세부 사항에 따른 결론^{Summary}을 내며 끝을 맺고 있다. 이처럼 인과관계를 드러내는 방식으로 말을 구조화하면 안정적으로 스피치를 할 수 있을 뿐만 아니라 요점을 명확하게 드러낼 수 있다. 특히 Detail 세부 단계에서 첫째, 둘째, 셋째 포인트로 나누어 근거와 사례를 어떻게 추가하느냐에 따라 말하기의 풍성함을 더할 수 있다. 공식적인 스피치나 프레젠테이션에도 효과적이며, 갑자기 즉석으로 이야기를 해야 할 때에도 SDS 기법을 활용할 수 있다.

한편 SDS가 말을 구조화시키기 위한 기본 방법이라면 P-R-E-P는 SDS를 좀 더 세분화한 기법이다. 이 방법은 세계적인 컨설팅 회사 맥킨지가 설득력을 향상시키기 위해 고안한 기법으로서 영국의 전前 수상 윈스턴 처칠이 즐겨 사용해 '처칠식 말하기'라는 별칭으로 불리기도 한다.

P-R-E-P는 Point-Reason-Example-Point의 약자로 앞 글자를 따서 '프렙'이라고 부른다. 프렙은 SDS 중 두 번째에 해당하는 D단계를 좀 더 세분화한 방법으로 이해하면 된다. PREP 기법은 예시가 들어가면서 구조가 더 탄탄해지며 SDS 기법에서 디테일에 해당하는 내용을 이유와 예시로 나누어 설명해 핵심을 구체적으로 드러낸다. 때문에 듣는 사람의 이해도를 높이는 한편 설득력을 배가시키는 효과가 있다.

Point결론 - 결론부터 명확하게 말한다.
Reason이유 - 이유와 근거를 제시한다.
Example사례 - 근거를 뒷받침하는 사례를 든다.
Point결론 - 다시 한 번 결론을 강조한다.

예시 1 **면접**

P: 저는 고객을 응대하는 서비스직에 매우 잘 맞는다고 생각합니다.(주장)

R: 왜냐하면 저는 그동안 서비스와 관련된 다양한 경험을 해보았기 때문입니다. (이유)

E: 예를 들어 패밀리 레스토랑에서 1년 동안 일을 하면서 손님들이 원하는 서비스가 무엇인지 직접 느낄 수 있었습니다. 또한 저는 A 쇼핑몰 관련 영업 아르바이트를 1년 반 동안 하면서 고객이 필요로 하는 점이 무엇인지 파악하고 원하는 제품을 빠르게 찾아 권하는 방법 또한 익혔습니다. (사례)

P: 결론적으로 저는 고객을 만나 응대하고 서비스를 제공하는 일에 자신 있습니다. (결론)

예시 2 면접

P: 저는 시간 약속을 잘 지킵니다. (주장)

R: 작은 일도 체크리스트를 만들고 알람을 맞춰두는 습관이 있기 때문입니다. (이유)

E: 저는 새벽에 편의점 아르바이트를 할 때 단 한 번도 지각을 한 적이 없을 뿐 아니라 20분 전에 출근해 편의점 청소를 했습니다. 그 결과 빠른 시간 안에 매니저로 자리할 수 있었습니다. (사례)

P: 제가 이 회사에 입사한다면 시간 약속을 잘 지키는 성실함을 바탕으로 업무에 임하겠습니다. (결론)

예시 3 강의

P: 제가 강조하고 싶은 것은 말을 할 때 말의 내용뿐 아니라 톤과 억양도 중요하다는 것입니다. (주장)

R: 왜냐하면 목소리의 톤과 억양에 따라 같은 말이라도 전혀 다른 의미로 들리기 때문인데요. (이유)

E: 예를 들어 '잘한다'라는 말의 경우 칭찬할 때와 비아냥거리며 말할 때가 다릅니다. '잘한다!', '잘~한다'(실제 연기하기)처럼 말이죠. 같은 단어로 말하지만 전혀 다른 의미로 전달됩니다. '미안해'라는 말도 마찬가지입니다. (사례)

P: 다시 한 번 말씀드리면 말을 할 때 내용만큼이나 톤과 억양 같은 요소들도 신경 써야 한다고 강조하고 싶습니다. (결론)

예시 4 일상생활

P: 자기야, 어디 들어가서 조금만 더 기다려. (주장)

R: 내가 좀 늦을 것 같아. (이유)

E: 춘천 고속도로에 사고가 나서 지금 차 안에 20분 넘게 갇혀 있어. (사례)

P: 커피숍 같은 데 들어가서 잠깐만 기다려. (결론)

예시 5 보고

P: 기획부에서는 단톡방을 만들어 그때그때 회의 내용이나 변경 사항

을 올리기로 했습니다. (주장)

R: 왜냐하면 빠른 공유가 가능하기 때문입니다. (이유)

E: 회의를 하다 보면 내용을 모르는 사람들이 있어 내용을 전달하는 데에도 시간이 많이 걸리고 소통이 원활하지 않았습니다. (사례)

P: 업무 효율성을 높이기 위해 이제부터 기획부 단톡방을 만들어 내용을 공유하겠습니다. (결론)

.

앞의 예시들을 살펴보면 먼저 첫 번째 단계에서는 핵심 메시지를 요약해 전달하고 있다. 결론을 미리 밝힘으로써 초반에 상대의 주의를 모은 뒤, 이어서 나올 내용에 대해 오해하지 않도록 명료하게 메시지를 전달하는 것이다. 이것은 요점부터 말해야 듣는 사람이 집중한다는 점을 반영한 것이다.

말을 하면서 본인조차 요점을 모르는 경우도 많다. 스스로도 정리가 안 되어 있거나 모든 것이 중요하다고 착각하고서 요점 없이 말을 하는 것이다. 그런데 이런 식으로는 상대를 설득하거나 호응을 이끌어낼 수 없으며, 자칫 오해의 소지까지 남길 수 있다.

요점을 명확하게 해주는 어구들을 몇 가지 소개하면 "저는 …하는 편이 좋다고 생각합니다", "제가 말씀드리고 싶은 것은 …입니다", "결론부터 말씀드리면 …입니다" 등이 있다. 말하고자 하는 바를 정확하게 전달하기 위해서는 요점을 중심으로 말을 구조화해야 하며, 특히 핵심 메시지를 적절하게 요약해야 한다. 그래야 명료하게 메시지를 전달할 수 있다.

두 번째 단계는 Resaon으로, 단어 그대로 이유와 근거를 제시하는 단계다. 1단계에서 핵심 메시지를 요약한 다음 그렇게 말한 타당한 이유와 근거를 밝혀 상대에게 신뢰감을 주는 단계이기도 하다. 이때 객관적인 이유를 찾는 것이 중요하다. 누구나 납득할 만한 논리를 갖춰야 호응과 공감을 얻을 수 있다. 상대가 자신의 가치관과 신념에 따라 논리 자체를 수긍하지 않는 경우도 있는데, 그와 무관하게 비상식적인 이유를 고집하며 일방적인 주장만 한다면 아무리 그럴듯하게 구조화를 시키더라도 그 스피치는 결국 실패하고 만다. 이유를 드러내는 어구로는 "왜냐하면 …이기 때문이다", "그 이유는 …이다", "그것은 …이기 때문이다" 등이 있다.

세 번째 단계는 Example로, 주장에 대한 사례를 제시하는 단계. 주장을 뒷받침할 수 있는 객관적인 데이터 혹은 전문가의 의견이나 본인이 경험한 사례를 이야기하면서 메시지의 설득력을 높이는 매우 중요한 단계다.

이 단계에서는 가급적 공감할 수 있는 자료나 예시, 권위 있는 사람의 말, 연구 결과 등을 제시하는 것이 좋다. 사례가 없을 경우 설득력이 떨어지므로 가장 많은 준비와 수고가 필요하다. 특히 실제 있었던 일, 공신력 있는 기관에서 작성한 통계자료 그리고 복수의 사례를 제시할수록 효과는 상승한다. 듣는 사람에 따라 적절한 예시를 활용하도록 하자. 사례를 제시할 때 쓰는 어구로는 "구체적으로 말씀드리면", "저의 경우에는" 등이 있다.

마지막 P단계는 핵심 메시지를 다시 한 번 요약하며 주장을 한 번 더 강조하는 단계다. 말하고자 하는 바를 한 번 더 언급하는 것은 상대에게 나의 주장을 반복해 밝힘으로써 최종적인 동의를 얻는 데 목적이 있다. 이 단계에서 쓸 수 있는 어구로는 "다시 말씀드리면", "결론적으로", "마지막으로 말씀드리고 싶은 것은" 등이 있다. 마지막 단계이므로 결론을 내리고 스피치를 정리하는 표현이 적합하다.

SDS 및 PREP 기법은 능숙하게 말하고 싶은데 내용 정리가 잘되지 않을 때 유용하게 활용할 수 있다. 특히 말을 하는 이유와 조건이 다른 상황에서도 무리 없이 적용할 수 있어 활용도가 높다. 처음에는 익숙하지 않겠지만 말하고자 하는 내용을 먼저 글로 작성한 후 말로 표현하는 식으로 연습하다 보면 쉽게 습득할 수 있다.

🗣️ 감성을 자극하는 스토리텔링

스토리텔링은 '스토리story'와 '텔링telling'의 합성어로, 글자 그대로 '이야기한다'는 뜻이다. 오늘날 스토리텔링의 활용 범위는 광고, 비즈니스, 교육, 대인관계 등 매우 광범위하며 특히 짧은 시간 안에 브랜드 이미지를 효과적으로 전달해야 하는 광고에서 활발히 사용되고 있다.

스토리텔링 기법의 가장 큰 장점은 사람의 감성을 자극해 공감을 불러일으킨다는 점이다. 스토리텔링은 알리고자 하는 바를 직접적으로 전달하는 것이 아니라 재미있는 이야기로 풀어내기 때문에 공감대를 형성하는 데 용이하다. 특히 광고의 경우 소비자의 마음을 움직이고 제품을 구매하도록 설득하는 데 있어 스토리텔링이 긍정적인 효과를 미친다는 사실이 입증되고 있다.

스피치에 사용되는 스토리텔링의 효과도 이와 크게 다르지 않다. 스토리텔링은 단순히 사건과 사실을 보도하는 것이 아니라 개인적이고 주관적인 이야기를 통해 공감대를 이끌어내므로 상대의 이성과 감성을 동시에 자극해 호응과 동의를 이끌어내는 데 효과적이다. 또한 장황하고 현학적인 말보다 쉽고 친근하게 이야기를 풀어내는 방식이므로 보다 쉽게 메시지를 전달하기에도 좋다.

그렇다면 스토리텔링 기법을 적용하기 위해 갖춰야 할 조건에는 어떤 것이 있을까?

먼저 생생한 세부 사항이 담겨 있어야 한다. 자세하면서도 섬세한 묘사, 그리고 재미가 더해질 때 인간의 뇌는 오랫동안 그 이야기를 기억한다. 예를 들어 어린 시절에 본 〈피구왕 통키〉나 〈쾌걸 조로〉는 기억나지만 학창 시절 짝꿍 이름은 기억이 안 난다. 그 이유는 짝꿍 이름에 애니메이션만큼 강력한 스토리가 없기 때문이다. 물론 좋아하던 친구의 이름은 당연히 기억이 날 것이다. 하지만 이 경우에도 좋아했다는 스토리가 있기 때문에 기억할 수 있는 것이다. 가장 좋은 소재는 본인의 스토리이지만 주변이나 TV에서 본 이야기 등도 얼마든지 활용할 수 있다.

두 번째 조건은 이야기에 메시지 혹은 교훈이 있어야 한다는 점이다. 다시 말해 그 이야기를 하는 명확한 이유가 있어야 한다는 뜻이다. 특히 이야기 자체에 의미가 담겨 있어야 하는데 경험을 통해 깨달은 삶의 지혜가 녹아 있는 이야기야말로 호응도가 높다.

세 번째로 긍정적인 생각을 할 수 있는 이야기여야 한다. 회의적이거나 염세적인 이야기가 사람들에게 감동을 주기는 어렵다. 스토리텔링의 목적은 감동을 통해 공감대를 형성하는 데 있으므로 긍정적인 생각을 유도하는 이야기가 적합하다.

몇 가지 요건을 더 들자면 정보 전달 위주의 짧은 이야기, 여기에 유머와 지혜가 녹아 있다면 더욱 좋다. 또한 직접 체험한 경험 혹은 친구 및 주변 사람이 알려준 이야기, 신문, 소설, 잡지에 실린 이야기 등 공신력 있는 출처에서 비롯된 이야기를 활용해야 신뢰를 얻을 수 있다.

예시 1

일본의 아오모리현에 어느 날 태풍이 불어 사과 농장의 무려 90%에 해당하는 물량이 나무에서 떨어졌다. 그중 떨어지지 않은 10%의 사과에 '어떠한 시련이 있어도 떨어지지 않는 사과'라는 수식어를 붙여 판매했다.

사과에 부여된 스토리에 마음이 움직인 사람들은 수험생들의 합격을 기원하는 마음으로 일명 '합격 사과'를 비싼 값에 사들였고, 농장 주인은 태풍으로 인한 막대한 손실을 만회할 수 있었다.

이 예시는 일본에서 일어났던 실화이며, 스토리텔링의 힘이 어느 정도로 막강한지 잘 드러내주고 있다. 만약 농장 주인이 나무에서 떨어진 90%의 사과 때문에 좌절하고 절망하기만 했다면 손실을 만회할 수 없었을 것이다. 하지만 주인은 남은 10%의 사과에 스토리를 붙여 홍보하는 방법을 택했고, 떨어지지 않고 나무에 매달려 있던 사과에는 나머지 90%의 사과보다 더 큰 가치가 부여되었다. 이 가치가 바로 스토리의 힘이다.

태풍이라는 시련에도 떨어지지 않고 나무에 매달려 있던 사과에 합격을 기원하는 마음을 투영시킨 이 전략은 문제 해결에 있어 긍정적인 관점을 갖는 것이 얼마나 중요한지 일깨워준다. 또한 이야기 자체는 짧으면서도 삶의 지혜가 녹아 있고 실제로 일어났던 일이라는 점에서 스토리텔링의 여러 요건들을 충족하고 있다. 이처럼 스토리텔링 기법을 활용하면 보다 풍부하면서도 설득력 있는 스피치를 할 수 있다. 특히 본인의 실제 경험과 그 경험에서 우러나온 깨달음에 대해 이야기한다면 진정성을 전달하기에도 효과적이다.

스토리텔링의 요건을 갖춘 스피치 방법 중에는 강연을 하거나 다수의 사람에게 특별한 메시지를 전달할 때 사용할 수 있는 방법도 있다. 이것은 필자가 중·고등학생들을 대상으로 비전 특강을 할 때 자주 사용하는 방식이기도 한데 등장인물과 갈등, 플롯으로 구성되어 있는 것이 특징이다.

등장인물: 아나운서가 되고 싶고, 젝스키스를 무척 좋아하는 열여섯 살 여중생

갈등: 아나운서가 돼서 젝스키스를 꼭 만나겠다고 하면 주변 사람들은 허무맹랑한 생각이라며 호응해주지 않음.

플롯: 고등학교 시절 방송반 아나운서 오디션에서도 떨어질 정도로 꿈을 이루기에는 여러모로 부족했지만 대학교 1학년 때부터 본격적으로 복수 전공을 하며 스피치 연습을 함. 매일 발성 연습을 하며 아나운서의 꿈을 키웠고 그 결과 정확히 10년 뒤인 스물여섯 살 때 아나운서가 되어 '군악음악회'에서 젝스키스 멤버들을 만남. 진행자와 출연자로서 같은 대기실을 쓰며 일면식을 나눔.

키 메시지: 지금 여러분의 모습은 10년 후의 모습이 아니다.

위의 예시를 보면 알 수 있듯이 인물이 등장하고, 그 인물을 둘러싼 갈등이 존재하며, 어떤 과정을 통해 갈등이 고조되고 해소되는지가 플롯을 통해 드러나고 있다. 또한 인물과 갈등, 플롯이 유기적으로 연결되면서 결론에 이르고, 그것은 다시 하나의 메시지로 귀결되고 있다.

이 예시를 샘플 삼아 스토리텔링을 할 때 등장인물은 청중이 보다 쉽게 감정 이입을 할 수 있는 대상으로 고르는 것이 좋다. 또한 갈등에는 스토리를 이끌어나갈 수 있는 동력이 내재되어 있어야 하며, 플롯은 이야기가 담고 있는 메시지의 효과를 극대화할 수 있는 방식으로 재

구성해야 한다. 마지막으로 핵심이 되는 키 메시지는 단순하면서도 구체적이고 차별화될수록 효과적이다.

구체적인 상황과 플롯의 전개, 갈등의 종류 등은 천차만별이지만 기본적인 틀은 이 예시와 동일하다. 스토리의 구조를 짤 때에는 겸손한 도입부로 시작하는 것을 추천한다. 대부분 타고나게 뛰어난 사람에게 공감하기는 쉽지가 않다. 나와 상황이 다르다고 생각하기 때문이다. 필자의 스토리텔링에서도 보면 고등학교 방송반 아나운서도 합격하지 못했던 실패담으로 시작된다. 스토리에 등장하는 대상의 단점, 약점, 부족한 점은 듣는 이의 마음을 편하게 해준다.

주의해야 할 점이 있다. 스토리텔링에 치중하다가 메시지를 놓치는 경우가 있다. 스토리텔링의 목적은 공감을 얻어 메시지를 전달하는 데 있으므로 너무 장황한 전개보다는 임팩트 있게 구성하는 것이 중요하다. 필자의 지인 중에는 이야기를 참 잘하지만 어떠한 에피소드가 시작된 모든 배경과 디테일을 설명해 이야기가 너무 길어져 말하다 보면 주제가 산으로 가는 분이 있다.

청중들은 어렵고 장황한 말보다 쉬우면서도 명료한 메시지가 있는 이야기를 더 선호한다. 스토리로 우뇌를 열고 좌뇌에 메시지를 전달해 보자. 여러분 주변에 있는 모든 삶의 모습들은 스토리 그 자체다. 필자의 강의에서는 종종 "여러분이 모교의 선배 강연자로 초청되었다"라는 주제로 스토리텔링을 해보는 시간을 갖곤 한다. 처음에는 어려워하시던 분들도 준비와 연습 과정을 거치면 마음에 와닿으면서도 깨달음을 주는 이야기를 구성해 놓라곤 한다. 물론 그 스토리텔링은 필자의 또 다른 에피소드가 된다. 여러분의 삶 자체로 그 삶의 주인공으로서 얼마든지 다른 이의 마음을 울리는 영향력 있는 이야기를 할 수 있다는 응원의 말씀을 드리고 싶다.

남들에게서 "말을 참 잘한다"는 평을 들으려면 '논리'와 '스토리'를 갖춰서 말하는 것이 좋다. 객관적으로 인정할 수밖에 없는 타당한 논리 구조를 갖는 것은 그래서 중요하다. 특히나 상대방과 의견의 합일점을 찾기 어려운 대화에서 이런 탄탄한 논리 구조는 빛을 발한다.

논리적으로 말하기 위한 구체적 방법은 말을 구조화시켜 내용을 구성하는 것이다. 문서 작성을 할 때 글의 요점이 한눈에 들어오도록 구조화하는 것이 중요한 것처럼 말하고자 하는 바를 상대에게 효과적으로 전달하기 위해서는 내용을 체계적으로 정리하는 것이 중요하다.

SDS 기법

Summary: 말하고자 하는 내용을 요약해 제시하고

Detail: 세부 사항을 묘사한 후(말하기 목적에 따라 구성)

Summary: 다시 한 번 결론을 제시한다.

PREP 기법

Point: 말하고자 하는 핵심 주제부터 말하고

Reason: 주제에 대한 이유를 든다.

Example: 구체적인 예시를 들어 설득력을 더해주고

Point: 주제를 다시 확인해주며 마무리한다.

스피치의 설득력을 높이기 위해 사용되는 기법 중 가장 활용도가 높은 것이 스토리텔링 기법이다. 스토리텔링은 듣는 사람에게 전달하고 싶은 '키 메시지'에 이야기를 입히는 방식이다.

스토리텔링 구성 요소

등장인물: 청중들이 감정이입을 할 수 있는 대상을 선정한다.

갈등: 등장인물이 겪는 갈등은 이야기를 이끌어나가는 힘이다.

플롯: 메시지의 효과를 극대화할 수 있도록 재구성한다.

키 메시지: 단순하면서도 차별화된 메시지로 강조한다.

사람의 마음을 움직이는 스피치를 하고 싶다면 주변에서 에피소드를 모아보자. 가장 훌륭한 이야기는 본인이 직접 경험한 이야기다. 누구에게나 스토리가 있기 마련이고, 자신이 직접 경험하고 느낀 바를 이야기할 때 진정성을 갖출 수 있다.

🔊 손 아나의 꿀팁!

스토리텔링 연습 방법으로 '즉석 스피치'가 있다. 먼저 작은 종이에 생각나는 단어를 적은 뒤 보이지 않도록 반으로 접고 마구 섞는다. 그다음 두 개의 종이를 선택해 그것으로 즉석 스피치를 한다. 두 단어를 연결해 문장을 만드는 방법으로 두 가지의 이야기를 만들어 이어보는 것이다. 모든 연습이 그렇듯 익숙해지면 자유자재로 활용할 수 있으며, 이 즉석 스피치는 순발력 향상에도 도움이 된다.

3강 2장
남다른 표현이
남다른 사람을 만든다

말을 잘하는 사람들을 자세히 살펴보면 공통점이 있다. 그들은 남다른 표현으로 남다른 사람이 된다. 조금만 신경 쓰면 쉽고 간결하게 말하는 방법을 터득할 수 있고, 조금만 노력하면 다른 어휘를 써서 구체적이고 생생하게 표현할 수 있다.

쉽고 간결하게 말하라

요즘은 TV나 유튜브 같은 동영상 서비스 등을 통해 강연이나 토론회 모습을 자주 접할 수 있다. 어떤 주제를 놓고 상대방을 설득하는 모습을 보며 '저 사람은 말을 참 잘하는구나' 하는 인식이 생기기도 하고, '저 사람은 참 똑똑한 사람이구나' 하고 생각하게 되기도 한다. 책이나 입에서 입으로 전해오는 이야기 등을 통해 말을 잘하는 사람의 지적 능력이 높게 평가되는 것도 이와 거의 일치한다.

그렇다면 높게 평가받는 말하기란 과연 어떤 것일까? 어려운 단어로 복잡한 생각을 술술 말하는 것이 '저 사람은 참 똑똑한 것 같아. 어쩌면 저렇게 말을 잘할까?'라는 평판을 듣게 만드는 것일까? 아니면 '어려운 이야기도 저 사람이 하면 이해가 잘되는 것 같아'라고 생각되는 사람이 똑똑하다는 평가를 받게 되는 것일까? 만약 이런 질문을 받는다면 필자는 후자라고 대답하고 싶다. 알기 어려운 약어나 복잡한 단어를 사용하는 것보다는 누구나 이해할 법한 쉽고 단순한 단어로 설명하고 이야기할 수 있는 능력이 더 뛰어난 것이라고 보기 때문이다.

흔히 말을 잘한다고 평가받는 사람들이 하는 이야기를 가만히 들어보면 어려운 단어를 그다지 사용하지 않는다는 것을 알 수 있다. 이를테면 스티브 잡스가 어느 대학의 졸업식에서 "Stay Hungry, Stay Foolish"라고 말한 연설을 듣고 많은 사람들이 깊은 감동을 받았다. 하지만 그의 연설 어디에도 이해하기 어려운 단어나 개념이 나오지는 않았다.

말하는 것에 있어서만큼은 어느 직업에도 뒤지지 않는 정치인들 중에서 연설로는 역대 최고의 평가를 받는 윈스턴 처칠의 말도 쉽고 간결하기는 마찬가지다. 2차 세계대전에서 나치의 위협에 당당히 맞서며 영국 국민들을 성공적으로 이끌었던 그의 명언, "위험은 방치하면 두 배로 커지지만 용기를 갖고 해결하면 절반으로 줄어든다"는 수십 년이 지난 지금까지도 듣는 사람의 가슴을 울리고 있다.

어디선가 들어본 기억이 있는 것 같기도 한 어려운 영어 약자를 쓰고, 복잡한 말을 어렵게 쓴다고 그 사람의 지적 능력이 돋보이는 것은 아니라는 사실을 명심했으면 한다. 말을 듣기보다는 주로 많이 하는 위치에 있는 사람들이 자주 저지르는 실수가 바로 그런 것들이다. 사람들에게 기억되고, 사람들이 자신의 생각에 동의하게 만들고 싶다면 쉬운 표현으로 말을 하는 훈련이 필요하다.

그동안 말을 하는 일을 해왔고, 어떻게 하면 말을 잘할 수 있는지 알려주는 일을 하고 있지만 필자에게도 '참 기억에 남는다' 싶은 말이 바로 그런 것들이다. 어렵지 않은 말인데도 곰곰이 생각해보게 만드는 말, 그리고 현학적인 표현이 하나도 없으면서도 어려운 내용을 쉽게 설명해주는 친절한 말이 오래도록 기억에 남는다.

말을 쉽고 간결하게 하려면 쉬운 단어를 사용하는 것 외에 염두에 두어야 할 것이 있다. 바로 문장을 짧게 말하는 것이다. 문장이 너무 길어지면 비문非文이 되기 쉽듯이 말할 때에도 지나치게 길게 말하면 중언부언하는 것으로 비춰질 수 있다. 말을 하는 스스로는 물론 상대도 요점을 잘 이해하기 위해서는 긴 문장보다 짧은 문장으로 말하는 것이 효과적이다.

물론 특별한 상황에서는 청중들에 맞춰 단어와 예시를 선별해야 한다. 예를 들어 초등학생을 대상으로 하는 스피치 강의와 현직 프레젠터들에게 하는 스피치 강의에서 쓰는 단어는 서로 다를 수밖에 없다. 하지만 정말로 잘하는 말은 초등학생이 들어도 이해할 수 있다는 사실에는 의심의 여지가 없다.

🗩 다른 어휘를 생각하자

사람들이 실제로 평소에 사용하는 단어의 수는 얼마 되지 않는다. 쓰는 어휘가 정해져 있다는 이야기다. 그렇기 때문에 듣는 사람에게 전달이 잘되기를 바란다면 말 속에 진부하지 않은 새로운 단어를 넣는 것도 좋은 방법이 될 수 있다. 그리고 잘 알고 있는 단어나 표현이라도 잘 사용되지 않는 상황에 적절하게 집어넣을 수 있는지 고민해보는 것이 좋다.

이렇게 다른 단어를 생각하는 과정에서 우리의 사고 회로는 기존의 익숙한 궤도가 아닌 색다른 곳을 더듬어가기 시작하고, 그런 과정에서 창의적인 생각이 떠오르게 된다. 이런 훈련법으로 필자는 익숙하지 않은 단어를 습관적으로 찾아보고 생각해보는 것을 권하고 있다. 특별한 단어를 찾을 때 외에도 국어사전을 책상에 놓고 틈날 때마다 아무 페이지나 뒤적거리는 습관을 갖는 것도 좋다. 스마트폰에 국어사전 어플을 깔아 출퇴근 시간에 찾아보는 것도 좋은 방법이다.

필자는 종종 국어사전 어플을 보다 '아, 이 단어에 이런 뜻이 있었구나' 하고 놀랄 때가 있다. 그리고 이렇게 새롭게 알게 된 뜻이나 표현을 일상의 대화 속에서 사용해보곤 한다. 일상 속에서 하는 좋은 훈련 방법 중 하나가 될 수 있기 때문이다.

이를테면 직장 동료에게 점심을 먹으러 가자고 할 경우를 예로 들어보자. '밥 먹으러 가자'는 내용을 표현하는 방법에는 어떤 것들이 있을까? "국물이나 한 숟갈 뜨러 갈까?"라고 말하는 사람도 있을 것이고, "배꼽시게 알람이 울렸네"라고 하는 사람도 있다. 또 "시장한데 밥 먹을까?" 혹은 "출출하지 않아? 순두부 먹을까?"라는 익숙한 표현도 있다. 이런 표현들 모두 전달하려는 의미는 같지만 어떤 표현을 쓰느냐에 따라 어감상 미묘한 차이가 있고, 이런 사소하고 평범한 상황에서 예상을 약간 벗어나는 표현을 쓰는 것만으로도 타인에게 '어, 저 사람 센스 있다'라는 인식을 심어주는 것이 가능하다. 남다른 표현력과 남다른 말솜씨는 이렇게 사소한 훈련을 통해서도 길러질 수 있다.

예전에 어느 사장님이 신입사원의 기발한 애교에 비싼 꼬리곰탕을 사줬다면서 껄껄 웃으며 해주었던 이야기가 생각난다. 신입사원이 "허기가 지니까 근로 의욕이 너덜너덜해지는 것 같아서 꼬리곰탕이 생각납니다"라고 말을 해서 "왜 꼬리곰탕인데?"라고 물었더니 "짝짝 달라붙지 않습니까, 입에요?"라고 너스레를 떨더라는 것이다. 이 말을 들은 사장님은 파안대소를 했고, 직원들을 몽땅 데리고 가 한 그릇에 2만 원이 넘는 소꼬리 곰탕을 사줬다고 한다. 그 이야기를 들으며 '누군지 모르겠지만 참 위트 있는 사람이구나'라고 생각했던 기억이 있다. 조금씩 남과 다른 어휘를 써보려는 노력은 남다른 말과 남다른 표현을 위한 훈련이 될 수 있다.

구체적이고 생생한 표현을 써라

보다 구체적이고 생생한 단어를 사용하는 것도 좋은 훈련 방법이다. 이를테면 "점심을 먹었다"라고 말하기보다는 "7천 원짜리 해물 순두부를 먹었다'라고 표현하는 것이다. 이렇게 말 속에 숫자를 넣게 되면 그 내용이 보다 구체적으로 다가온다. "어제 돈을 많이 썼네"라고 말하기보다는 "어제 평소보다 5만 원쯤 더 썼어"라고 표현하는 것이 더 생생하게 느껴지는 것처럼 말이다. "모처럼 산에 올라갔더니 기분이 좋아졌어"라고 말하기보다 "올라가는 동안 무릎이 뻐근하고 땀이 났지만 산꼭대기에서 바람을 쐬니까 성취감도 들고 정말 시원했어"라고 말하면 듣는 사람에게도 그 장면이 확연하게 그려진다. 이렇게 색다르고 가슴에 확 와 닿는 신선한 표현을 집중적으로 찾아볼 수 있는 좋은 교과서가 우리에게는 이미 있다. 바로 시집이다.

'이것은 소리 없는 아우성'이라는 시구를 읽고 필자는 감탄했다. 바람에 나부끼는 깃발을 보면서 어떻게 그런 생생한 표현을 떠올릴 수 있었을까? 시집을 읽다 보면 '어떻게 이런 표현을 생각할 수 있었을까?' 하며 종종 감탄하게 된다. "나는 업무에 너무나 지쳐 있었다"라는 것과 "물먹은 신문지처럼 의자에 널브러져 있었다"라는 것 중 어느 표현이 더 생생하게 다가올까? 시인들이 짧은 시구에 하고자 하는 말을 고르고 골라 선택한 단어들이 빼곡히 들어 있는 시집이야말로 훌륭한 말하기 훈련 교과서라고 할 수 있다.

미국 건국의 아버지로 추앙받는 벤자민 프랭클린은 훌륭한 문인으로도 유명한데, 그는 글을 잘 쓰기 위한 훈련 방법으로 시를 쓰곤 했다고 한다. 신문에 실린 좋은 칼럼을 여러 번 베껴 쓰면서 내용을 충분히 익힌 다음 그것을 시로 바꾸는 훈련을 했다는 것이다. 분량이 긴 칼

럼을 몇 줄의 짧은 시로 바꾸기 위해서는 내용 전체를 완벽하게 이해하고, 그것을 다시 줄여 압축할 수밖에 없었을 것이다. 길게 풀어서 쓴 내용을 시에 집어넣기 위해 적합한 단어를 고르고 또 고르는 과정을 통해 그의 문장 실력이 한층 좋아졌던 것이다.

남들에게 기억되는 좋은 말을 하는 비결도 이와 다르지 않다. 시인이 자기가 하고자 하는 말과 내용을 표현할 단어 하나를 찾아내기 위해 몇날 며칠 고민하고 골라낸 결과가 시집에 담겨 있기 때문이다. 시집을 읽으면서 '이런 내용을 이렇게 표현할 수 있구나' 하는 신선한 자극을 받아보는 것도 좋은 훈련 방법 중 하나다. 어휘력과 생생한 표현력을 습득하는 것은 물론 의식을 확장시켜 마음을 평안하게 만들기 위해서도 시집을 읽는 것은 도움이 된다.

필자는 시낭송회를 진행할 기회가 있어 시에 관심을 가지게 되었는데, 그때부터 인연이 시작되어 얼마 전 DMZ 아트 페스타에서 시를 직접 낭송할 기회가 생겼다. 한 달 정도 되는 시간 동안 이해인 님의 〈평화로 가는 길은〉이라는 시를 마음에 품고 낭송했는데 그 시간 동안 필자는 삶의 소중함을 느끼고 감사하는 마음을 가질 수 있었다. 지치고 힘든 삶 속에서 잠시 평안을 찾고 싶다면 지금 당장 시집을 한 권 사자.

🗨️ 나를 표현할 수 있는 나만의 말을 찾아라

짧은 시간에 효과적으로 자신의 의견을 말하려는 노력은 아무리 많은 공을 들여도 부족하지 않다.

'핵심 경쟁력core competences'이라는 말이 있다. 마케팅이나 경영 전략 분야에서 쓰는 말인데, 필자의 핵심 경쟁력이 아나운서 경력의 출중함 혹은 강사로서의 풍부한 경험 또는 연극배우로서의 연기력이 아니라 그것들의 합ᐭ에 있다는 생각을 하게 되어 책을 쓰겠다는 결심을 할 수 있었다.

요즘은 종편이나 케이블 방송뿐만 아니라 인터넷 방송까지도 활성화가 되어 있어 아나운서나 MC 등에 대한 수요가 예전보다 많아졌다. 그래서 이름은 몰라도 얼굴만 보면 '아!' 할 정도로 널리 알려진 공중파 TV의 아나운서들이 프리랜서로 전향하는 경우도 잦아졌다. 그 때문에 강의 현장이나 세미나 혹은 행사를 갈 때마다 필자의 마음속에는 항상 '나만의 경쟁력을 더 키워야 해, 남들이 따라 하기 어려운 것 말이야'라는 생각이 자리한다. 외모나 목소리는 핵심 경쟁력을 더욱 돋보이게 해줄 수 있는 부차적인 요소니까. "뭘 그렇게 자꾸 배우세요?"라는 질문에 "배울 게 얼마나 많은데요"라고 답을 하는 건 괜히 겸손한 척하려는 것이 아니라 실제로 그 필요성을 절감하고 있기 때문이다.

필자는 본질적으로 남과 다른 경쟁력을 더 갖고 싶은 욕구와 바람이 항상 있다. 그런데 그보다 더 직접적인 고민이 있다. 그중 하나가 바로 내가 만든 틀 속에 내가 갇혀버리는 것이다. 매너리즘에 빠지거나 '이 정도면 괜찮지'라는 만족감 같은 것들 말이다.

필자는 지자체 행사나 각종 기업, 단체 행사에서 MC를 보는 경우가 많은데, MC 역할을 잘하기 위해 연습을 하다 보면 필자도 모르게 어느새 고정적인 멘트가 입에 박히게 된다. 사실 미리 써놓은 대본을 갖고 또박또박 진행을 하는 것 자체는 어느 정도의 훈련과 스킬만 익히면 누구라도 할 수 있는 일이기에 필자는 늘 '다른 표현은 없을까?'라는 고민을 한다. 무슨 말을 할지 뻔히 짐작이 가는 말을 듣고 있는 것처럼 지루한 일도 없을 테니까.

남들과 다른 생각, 어디서도 들어보지 못한 말에 대한 호기심과 관심은 언제 어디서든 존재한다. 따라서 같은 말을 하더라도 나만의 방식, 나만의 표현과 말로 바꾸는 작업이 필요하다. 같은 내용을 말하더라도 어떤 사람의 말에는 관심과 환호가 쏟아지고, 다른 어떤 사람의 말에는 무관심만 남는 허무한 상황이 연출되기도 한다.

'나만의 말'이 필요한 이유는 이렇게 현실적인 것에서도 찾을 수 있다. 같은 말을 하더라도 누가 하느냐에 따라 다르게 받아들여지고, 같은 의미라고 하더라도 남다르게 표현하는 것은 얼마든지 가능하다. 내가 꺼낸 말이 남들에게 주목을 받고, 그 말이 사람들의 마음을 움직이고 영향을 주어 세상이 조금 더 좋은 곳으로 바뀌는 데 기여할 수 있다면 더 바랄 나위가 없을 것이다.

지인 중에 '개인 브랜드personal brand'와 관련된 일을 하는 분이 있다. 요즘 많은 사람들의 관심사 중 하나이기도 한 이 개인 브랜드도 결국은 수많은 사람들 사이에서 나 자신을 부각시킬 방법을 찾기 위한 노력의 한 가지라고 볼 수 있지 않을까? 그리고 이런 개인 브랜드도 결국은 광고 카피와 같이 하나의 문장으로 정리, 요약된 형태로 표출된다. 그 이유는 듣는 사람들의 머릿속에 잘 기억될 수 있도록 하기 위해서다. 예를 들어 "iOS와 안드로이드 어플리케이션을 모두 개발할 수 있는 개발자 XXX입니다"라고 말하는 것보다는 '다운로드 1위 어플 개발자 XXX입니다'라고 말하는 것이 훨씬 기억하기 쉽고, 잘 받아들여지기 때문이다.

가장 중요한 포인트는 잘 정리 및 요약된 개인 브랜드도 결국은 '말'이라는 사실이다. 간결하게 정리된 문장은 그 자체로 힘을 가진다. 이를테면 "국민의, 국민에 의한, 국민을 위한 정치"라는 링컨의 말이나 "Stay Hungry, Stay Foolish"라는 스티브 잡스의 말처럼 말이다. 굳이 길게 설명할 필요 없이 저런 문장 하나만 이야기해도 '아, 링컨' 혹은 '스티브 잡스?'라고 생각할 수 있기 때문이다. 나를 표현할 수 있는 나만의 문장을 한번 생각해보자.

누구나 할 수 있는 뻔한 말이 아닌 남과 다른 말을 해야 한다. 색다른 표현은 듣는 사람의 뇌리에 좀 더 오래 기억된다.

우선 쉽게 말하자.

어렵고 복잡한 단어를 척척 쓰면 말을 잘한다는 소리를 들을 것 같겠지만 그건 혼자만의 착각이다. 백 번이고, 천 번이고 쉽게 이야기하라. 설사 당신이 이야기를 듣는 사람보다 훨씬 뛰어나다고 해도 그걸 쉽사리 인정할 사람은 거의 없다. 그렇기 때문에라도 쉽게 이야기하라. 관심도 없고, 잘 알지도 못하는 사람에게 어렵게 이야기하면 절대 알아들을 리 없다.

그다음 다른 어휘를 써보자.

늘 쓰던 단어 말고 뭔가 다른 단어는 없을까 생각해보자. 조사 하나로도 오해가 생길 만큼 어휘의 힘은 매우 크다.

끝으로 두루뭉술하지 않게, 구체적이고 생생하게 표현하는 습관을 가져보자.

이때 시인의 도움을 받자. 같은 의미도 시인들이 말하면 '아!' 하는 감탄사가 나오는 이유가 있다. '이것은 소리 없는 아우성', 이는 학교 깃발을 보고 쓴 표현이다. 놀랍지 않은가? 더 놀라운 것은 70년도 더 된 옛

날에 쓰인 시라는 것이다. 시집을 한 권 사서 틈날 때마다 읽어보는 것
도 좋은 방법이다.

마지막으로 나 자신을 표현할 수 있는 나만의 말을 찾는 데 힘써보자.
본인의 경쟁력은 스스로를 표현하는 개인브랜드의 힘에서 나올 수 있
다. 말의 힘은 생각보다 강력하다.

◀》 손 아나의 꿀팁!

사람들과의 대화 속 혹은 TV나 인터넷 등에서 생각지 못한 표현이나 문구들을 발견했다면 메모
를 하자. 그리고 빠른 시일 내에 그 표현을 나의 말에 포함시켜 써보자. 창의적으로 떠오르지 않
을 때에는 다른 이들의 도움을 받자. 단, 내가 말할 때에는 조금 다른 방식으로 말하도록 해보
자. 그러면 나만의 표현이 된다. 필자의 경우 주변의 이야기와 에피소드들을 휴대전화에 메모해
두고 이를 각색해 강의나 대화에 활용하기도 한다.

4강

말하기 고급:
말을 잘하는 비결은 남에게 있다

가장 가고 싶은 도시를 묻는 질문에 늘 첫 번째로 손꼽히는 곳이 바로 프랑스의 수도 파리다. 에펠탑, 개선문, 자유의 여신상, 그리고 보석처럼 빛나는 수많은 공원들은 파리에 들르면 꼭 가봐야 하는 워너비 플레이스로 손꼽히는 곳이다.

파리의 명물들 중에서도 명소가 바로 '오페라 가르니에Opéra Garnier'다. 주옥 같은 오페라 공연이 열리던 이 유서 깊은 건물의 화려한 내부 장식이 참 아름다운데 정작 필자의 눈길을 끌었던 부분은 따로 있었다. 계단과 복도 그리고 건물의 기둥 사이사이에 자리 잡고 있는 작은 공간들이 유독 눈에 들어왔다. 왜냐하면 공들여 만든 흔적이 역력한 그 공간이 아마도 '말의 영향력'이 현실로 나타난 장소가 아닐까 하는 생각 때문이었다.

우리가 현재의 파리 모습을 볼 수 있는 것은 나폴레옹 3세 시대의 대대적인 재개발 계획 덕분이라고 한다. 나폴레옹 3세는 낡고 슬럼화가 진행되고 있던 옛 파리의 중심 지역을 새롭게 만들기 위한 건설 계획을 실행에 옮기려고 했다. 그런데 잦은 전쟁으로 인해 재정 상태가 충분하지 않아서 고민이 되었다. 이런 황제의 고민을 해결해준 사람들이 당시 상업 등을 통해 큰 부를 쌓았던 부르주아 계층이었다. 그들은 건물을 지을 자본을 대는 대신 가장 중심이 될 건물의 내부 설계에 자신들의 의사를 반영해달라고 요청했다.

돈은 많았지만 정치적인 영향력이 상대적으로 적었던 부르주아 계층은 자신들이 원하는 것을 정치에 반영시키고자 했다. 이를 위해 언변이 화려하고 사교술이 좋은 사람들을 고용해 의회 의원들과 정치인들을 상대로 자신들에게 유리한 정치와 정책이 실행되도록 압력을 가했다. 이들이 주로 활동하던 공간이 바로 오페라 가르니에 같은 건물의 복도lobby, 계단 등이었다. 이것에서 유래가 되어 나중에 이런 사람들을 '로비스트lobbyist'라고 부르게 되었다고 한다.

로비스트들은 국회 의사당이나 지자체 의회를 무대로 특정 단체의 이익을 위해 정당이나 의원들을 상대로 활동하고 있는데, 이들이 정책에 영향을 미치는 정도가 무시할 수 없는 수준이라고 한다. 그래서 몇몇 나라에서는 아예 로비스트를 법의 테두리 안에서 활동하도록 허용하고 있기도 하다. 말을 능수능란하게 하는 것이 정치적으로든 경제적으로든, 어떤 면에서든 상당한 영향력을 행사할 수 있다는 것이 로비스트들의 존재를 통해서도 드러나고 있다. 이렇게 중요한 말하는 능력에 대한 욕구나 열망은 말하는 것 자체에 대한 두려움을 극복할 수 있도록 도와준다.

이제부터 말을 전달하는 것 자체가 아니라 내가 하는 말이 상대방에게 어떻게 받아들여질지, 그리고 나의 말이 어떻게 하면 보다 더 큰 영향력을 지닐지 고민해야 하는 단계로 들어섰다. 말하기의 고급 단계라고 할 수 있다. 왜냐하면 내가 잘하고 싶은 말이란 결국 상대방에게 일방적으로 쏟아내는 것이 아니라 상대방에게 기대하는 반응을 얻기 위한 수단이기 때문이다. 치열한 경쟁을 뚫고 어렵사리 얻어낸 면접 자리에서 좋은 인상을 남기려면 경쟁자들과 차별화할 수 있는 말이 필요하다.

좋은 말, 울림이 있는 말은 나에게 주어진 짧은 시간, 작은 기회를 활용해 주인공이 될 수 있는 놀라운 가능성을 만들어주기도 한다. 존 케리가 주인공이었던 전당대회에서 정치 신인 버락 오바마의 연설에 수많은 사람들이 깊은 감동을 받고, 그를 큰 정치인으로 만들기 위해 쟁쟁한 정치 선배들이 도움을 주었던 것처럼 말이다. 우리가 배우고 몸에 익혀야 하는 말하기란 이런 것이어야 하지 않을까? 하지만 주연이 아닌 조연, 주체가 아닌 객체로 다른 사람의 선택을 기다려야 하는 입장에 서 있는 우리를 한발 더 나아갈 수 있게 해주는 말은 현란한 언변과 놀라운 화술만은 아니다.

하루는 TV 채널을 이리저리 돌리다가 무심코 홈쇼핑 채널에 멈췄는데 옆에 있던 친구가 쇼핑 호스트를 보더니 갑자기 "세상에서 제일 믿음이 안 가는 사람들이 아마 저 사람들 아닐까?"라고 이야기하는 것이었다. "왜?"라고 묻자 친구는 이렇게 말했다. "물건 팔아먹으려고 저러는 거 아니야. 뻔하잖아, 의도가." "응, 그렇구나" 하면서 채널을 다른 곳으로 돌렸지만 두고두고 그 순간이 내 머릿속에 맴을 돌았다. '사람들에게 의도가 읽히는 말은 좋은 말인 걸까?'라는 생각이 들었기 때문이다.

아나운서처럼 쇼핑 호스트라는 직업을 가진 사람들도 말하는 데 있어서 전문가 중의 전문가라고 할 수 있을 텐데 그분들이 나쁜 물건을 거짓말을 해가면서 "좋다, 최고다"라고 판매 유도를 하는 것은 결코 아닐 것이다. 얼마를 받고 파는 물건이든 그것이 가격 이상의 값어치를 한다고 생각하기 때문에 방송 시간을 할애해서 그렇게 판매를 하는 것일 테니까. 하지만 그런 세일즈 멘트를 받아들이는 사람들은 이미 '물건을 팔기 위해서 하는 말'이라고 선을 그어놓고 그 이야기를 들을 수 있다. 만약 상대방이 진심을 담아 "이건 정말 좋은 물건이더라고요"라고 친한 친구에게 말하더라도 듣는 사람들이 그걸 "그래, 알아. 물건을 팔기 위해 하는 말이잖아"라고 단정 지어버린다면 비록 원하는 결과를 얻었다 할지라도 상대방의 말을 전적으로 신뢰한 결과라고 보기는 어렵지 않을까? 말을 잘하는 것과 상대방에게 신뢰를 얻는 말이 일치하지 않는다는 사실이 새삼스럽게 다가왔다.

말하기의 기술과 설득이 항상 정비례하는 것은 아니라는 사실을 여실히 느 낀 적도 있었다. 바로 필자가 다니는 언론대학원에서 있었던 일인데, 스피 치 토론 수업의 마지막 마무리로 스피치 발표회가 열렸다. 수업을 듣는 사 람들이 각자 준비한 발표를 하고, 나머지 사람들은 청중이 되어 발표한 사 람에게 피드백을 해주는 자리였다. 필자가 스피치 코칭을 할 때 자주 하는 방법으로, 본인의 장단점을 파악해 개선시킬 수 있는 좋은 모니터 방법이 기도 하다.

필자의 경우 목소리나 비언어, 즉 스피치 스킬에서는 "단점 자체가 없다"는 식의 찬사가 대부분이었다. 그러나 정작 교수님께서 가장 설득력 있었던 사 람을 뽑아 투표하자고 하셨을 때 필자는 단 한 표도 받지 못했다. 스킬에 있 어서는 훌륭했지만 필자의 스피치가 사람들의 마음에 와 닿지는 않았던 것 이다. 청중 파악을 잘 못했거나 주제 선정에 실패한 케이스다. 가장 많은 표 를 받은 사람은 '백수로 살아남는 법 3가지'라는 주제로 스피치를 했는데, 자 신의 솔직한 상황을 잘 정리해 이야기한 점이 청중들의 마음을 움직였던 것 이다. 이 사건은 필자에게 적지 않은 충격이었고 한참 동안 머릿속에 자리하 고 있었다. 단순히 말하는 스킬로는 절대 사람을 설득할 수 없다는 사실을 다시금 확인한 셈이다.

어떤 책에서 읽었던 '어떤 말은 향기가 나고, 어떤 말은 악취를 풍긴다'라는 글귀가 떠오른다. 혹시 오늘 내가 한 말 중 어떤 것이 그걸 듣는 누군가에게 향기는커녕 악취까지 풍겼으면 어쩌나 하는 걱정이 든다. 결국 타고난 재능 덕분이든, 말하는 것 자체에 대한 훈련을 통해서든 말을 하는 것에 대한 두 려움을 극복하고, 필요한 스킬을 효과적으로 구사할 수 있는 단계에 들어서면 그때부터는 '내 말을 듣는 사람들'에 대해 본격적으로 관심을 가져야만 한다. 우리가 말을 잘하고자 하는 바람을 갖는 것은 결국 상대방에게 신뢰를 얻기 위함이고, 좋은 관계를 하나씩 쌓아 나아가는 것에 있을 테니까. '말'은 결국 소통疏通, 즉 커뮤니케이션이다.

이렇게 말에 대한 우리의 관심은 상대방에 대한 생각과 주어진 상황에 대한 이해, 그리고 말을 매개로 한 '주고받는 관계'라는 본질에 다가가게 한다. '나의 관점'이 아니라 상대방, 즉 '남의 관점'에 대해 생각하게 되는 단계로 나아가며 말에 대한 시각은 한층 넓어지게 된다.

지금까지 스스로 준비할 수 있는 스피치를 중점으로 이야기했다면 이제부터는 상대와 함께 하는 커뮤니케이션 중심으로 이야기를 하려 한다. 상대방에게 내가 하고자 하는 말을 전달하는 것 자체에 머물러 있던 시작, 심화 단계를 넘어섰다면 이제 말에 대한 '본질'을 살펴볼 차례다. 내가 하려는 말이 무엇인가를 넘어 '나는 왜 이 말을 하려고 하는가?'를 생각해봐야 한다.

간혹 "무언가 그럴듯한 말을 들은 것 같은데 자리가 파하고 생각해보니 남는 게 하나도 없더라"라는 식의 이야기를 들을 때가 있다. 언젠가 수능 시험을 앞두고 있는 수험생들에게 덕담과 격려의 말을 하는 자리에서 본인이 경험한 예비고사와 본고사 제도의 문제점을 말하는 분이 있었다. 사회적으로 덕망이 높은 분이었는데, 본인은 좋은 충고와 덕담을 해주었다고 생각했을지 몰라도 정작 이야기를 듣는 예비 수험생들은 그렇게 생각을 할지 의문이 들었다. 듣는 사람을 전혀 배려하지 못한 말하기였던 것이다. 결국 나의 말하기가 한 단계 진일보하기 위해서는 사람들이 두고두고 기억하는 말의 비밀에 대해 보다 심층적으로 연구할 필요가 있다.

이것만 해도
말 못한다는 소리 안 듣는다

생각해보면 "말을 잘한다" 혹은 "말을 잘 못해"라는 평가는 내가 내리는 것이 아니라 나의 말을 듣는 사람들, 즉 '남'에 의해 만들어진다. 그런데 그렇게 중요한 평가를 내리는 '남'이라는 존재가 나의 말에 대해 공정하고 객관적인 기준을 갖고 합리적인 판단의 결과로 "저 사람은 말을 참 잘하네" 혹은 "저 사람은 말을 잘 못하네"라고 결론을 내리는 것일까? 이런 합리적 의심을 품어볼 필요도 있다. 아마 대부분의 경우에는 그렇지 않을 것이다. 나로 하여금 '내가 말을 잘 못하나?'라는 걱정을 하게 만드는 남들의 평가가 지극히 주관적일 수도 있고, 합리적이지 않을 수도 있는 것이다.

그렇지만 여전히 우리에게는 해결해야 할 부분이 남아 있다. 그럼에도 불구하고 말을 잘하고 싶다는 것이다. 그렇다면 '말을 잘한다'는 것이 나의 문제인 동시에 남의 문제이기도 하다는 또 다른 가능성에 대해서도 진지하게 생각해볼 필요가 있다. 왜냐하면 '말을 잘하는 사람' 혹은 '말을 잘 못하는 사람'이라는 판단은 남이 내리는 것이기 때문이다. 그래서 '잘하는 말'은 남에게 선택권이 있다고 해도 과언이 아니다. 그렇다면 '남들이 좋게 평가해주는 말'에 대해 알아보고 연구해볼 만한 가치는 충분하지 않을까?

말에 대해, 대화와 사람 사이의 역학 관계에 대해 진지하게 고민해본 사람은 매우 많을 것이다. 필자는 이를 세 가지로 나눠 이야기해보려고 한다. 첫 번째는 '공평'이다. 나도 인정하고, 남도 인정할 수 있는 긍정적인 대화는 기본적으로 공평해야 한다는 것이다. 두 번째는 '경청'이다. 바로 '듣는 것'에 대한 것이다. 마지막 세 번째는 '질문'이다. 질문을 통해 우리는 상대를 알 수 있다.

내가 말한 만큼 들어야 하는 공평의 법칙

말을 잘하는 것과 말을 많이 하는 것은 엄연히 다르다. 남들에게 "말을 잘한다"고 인정을 받기 위해서는 먼저 '공평'의 원칙을 기억해야 한다. 내가 말을 한 만큼 나도 상대방에게 그만큼의 말을 들어야 하는 것이다. 내가 10분을 말했으면 상대방도 10분을 말할 권리가 있다고 생각해야 한다.

친구와 커피숍에 갔을 때 있었던 일이다. 옆 테이블에서 어머님들 여섯 분 정도가 아주 열띤 대화를 나누고 계셨다. 필자와 친구는 그 상황에서 엄청난 것을 발견했다. 바로 여섯 분 모두가 동시에 말을 하고 있던 것이다. 그럼 도대체 누가 듣고 있는 걸까? 친구와 필자는 그 놀라운 광경에 한동안 입을 다물지 못했다. 물론 단순히 '수다'만 떨더라도 스트레스가 풀리는 건 사실이기에 그런 식의 대화가 의미 없는 것은 아니지만, 누군가 말하고 있는데 듣는 사람이 없다면 그 말은 어디로 가는 것일까? 나는 말하고 상대방은 일방적으로 듣기만 했는데 '우리가 참 건설적인 대화를 나눴다'라고 생각을 할까? 그렇지 않을 것이라는 것쯤은 모두가 알고 있다. "가는 말이 고와야 오는 말이 곱다"는 속담도 비슷한 맥락이 아닐까?

필자가 아는 어떤 분은 본인이 말을 굉장히 잘한다고 생각한다. 물론 말을 못하는 분이 아니라는 것은 인정한다. 하지만 문제는 말을 너무 많이 한다는 것이다. 묻지 않은 것을 먼저 나서서 말하는 것은 물론, 여러 사람이 모인 자리에서도 본인이 주도적으로 대화를 이끌어간다. 언제나 그분이 있는 자리에서는 그분의 주도로 대화가 이루어지고, 당연히 그 자리에서 말 한마디 안 하고 앉아 있는 사람도 생긴다. 때에 따라서는 그런 분위기도 필요하겠지만 계속 그런 식의 대화가 이어지다 보면 사람들이 만남 자체를 꺼려할 수 있다. 훌륭한 언변에 공평의 법칙이 더해진다면 그야말로 금상첨화일 것이다. 대화를 하다 한 번쯤 나 혼자 말을 너무 많이 하고 있지는 않은지 생각해보자.

상대에게 관심을 기울이는 경청의 법칙

'경청'에 대해 우리가 전제조건으로 받아들이고 생각해야 할 포인트가 있다. 바로 사람들은 남의 이야기를 듣기보다는 자신의 이야기를 하는 것을 좋아하고, 남들이 자신의 이야기에 관심을 가져주는 것을 좋아한다는 사실이다. '왜?'라거나 '그건 좀 아니지 않은가?' 하는 가치 평가는 잠시 논외로 하고 우리 앞에 놓여 있는 현실을 직시해보자는 의미이기도 하다. NFL의 전설적인 코치 루이 콜츠는 "90%의 사람은 나의 하소연이나 어려움에 관심 자체가 없고, 심지어 나머지 10%는 오히려 그 사실에 기뻐하기까지 한다"라고 이야기했다. 내 이야기를 최소로 줄이고, 상대의 이야기에 귀 기울이는 것도 때로는 좋은 방법이다.

내가 먼저 상대방의 말에 진심으로 귀를 기울이고 있다는 것을 상대방이 알게 되면 자연스럽게 나에 대한 경계나 의심의 눈초리는 낮아지고 사라지게 된다. 그것만 해도 좋은 대화를 위한 중요한 진일보를 이룬 셈 아닐까?

상대방이 원하는 것이 무엇인지, 그리고 상대방이 어떤 성향의 사람인지를 알면 이야기를 어떻게 풀어나갈 것인지에 대한 실마리도 풀리기 시작한다. 그 때문에라도 우선은 상대방의 말에 경청하는 것이 좋다. 경청에 대한 좋은 의견들이 있는데, 그중에서도 우리가 반복적인 훈련을 통해 몸에 익숙하게 만들어야 하는 것들을 알아보도록 하자.

첫 번째는 중요하지만 의외로 사람들이 자주 저지르는 실수다. 상대방의 말을 중간에 끊거나 가로채지 말자. 지위가 높든 낮든, 가진 것이 많든 적든, 나이가 많든 적든 간에 사람들은 자기가 하는 말을 상대방이 끝까지 들어주기를 바란다. 그게 본능이다. 상대방의 말이 다소 재미없더라도 중간에서 끊어버리기보다는 끝까지 들으려는 마음을 가져보자.

두 번째는 상대방의 말에 대한 리액션이다. 내가 상대방의 말을 주의 깊게 잘 듣고 있다는 사실을 상대방이 알 수 있도록 해야 한다. 이를테면 그가 하는 말에 적절한 반응을 보여줘야 한다. 상대방의 말에 동의를 할 때에는 고개를 끄덕이는 것이 좋다. 그리고 상대방의 말에 흥미가 있거나 재미가 있다면 작은 미소를 지어야 한다. 재미있는 이야기를 하면 누구라도 상대방의 반응을 살펴보지 않을 수 없다. 그런데 정작 말을 듣고 있는 나에게 아무런 표정의 변화가 없다면 이를 좋아할 리가 없다. 과하지 않은 '적절한 리액션'을 보여주는 것이 경청의 두 번째 방법이다.

적절한 리액션을 보여주기 위해서는 몸을 상대방 쪽으로 기울여라. 사람은 자연스럽게 자기가 관심을 갖는 쪽으로 몸을 향하게 되어 있다. "아, 재미있어"라고 깔깔대면서 얼굴은 웃고 있는데 상체는 뒤로 젖혀져 있는 모습을 보고서 '정말로 내 이야기에 재미있어하는구나'라고 생각할 만큼 둔한 사람은 없다. 누구나 본능적으로 알아차릴 수밖에 없다. 상대방의 이야기가 조금 재미없더라도 상체를 상대방 쪽으로 향하게 기울이면서 고개를 끄덕인다거나, 살짝 미소를 지어 보인다거나 하는 식으로 반응을 해보라.

세 번째는 공감적 경청이다. 공감적 경청이라고 하는 것은 상대방의 속마음을 잘 파악하는 것이다. 《인간관계론》으로 유명한 데일 카네기는 경청에 대해 자신의 실화를 소개했다. 어느 날 유명한 식물학자와 대화할 기회가 있었는데 식물학에 전혀 정보가 없었던 카네기는 학자의 이야기가 그저 신기하기만 했다. 몇 시간 동안이나 카네기는 그 학자의 말을 집중해서 들었다. 그것이 전부였다. 그런데 이상하게도 그 학자는 다른 사람에게 카네기를 입에 침이 마르도록 칭찬했다. "카네기라는 사람은 보기 드물게 식물에 대한 이해가 깊고 대화가 잘되는 사람"이라고 말이다. 이를 들은 카네기는 "나는 식물에 관해서는 무지한 상태여서 전혀 내 의견을 말할 수 없었다. 내가 한 것은 진심으로 반응하며 재미있게 들은 것뿐이다. 아마 그것이 상대방에게 전달됐을 것이다"라고 말했다고 한다.

카네기의 일화를 보면 공감적 경청을 하는 방법을 알 수 있다. 다름 아닌 상대방의 장점을 생각하고 우호적인 태도로 상대를 바라보는 것이다. 필자 역시 누군가와의 대화 중에 '이 사람은 이럴 거야' 하고 선입견을 가지는 경우가 있다. 그런데 한번 그런 생각을 하게 되면 그 사람의 모든 말에 일일이 필자의 판단이 들어가게 되고, 결국 필자의 의견을 너무 쉽게 반영하는 모습을 발견하곤 한다. 그런 태도는 공감적 경청과는 거리가 먼 것이다. 따라서 상대방이 말하는 순간에는 최대한 긍정적인 태도로 공감하며 경청하도록 노력해보자. 그렇게 한다면 아마도 상대는 당신에게 큰 호감을 가질 것이다.

💬 대화를 풍성하게 하는 질문의 법칙

어디 가서 말 못한다는 소리는 듣지 않을 수 있는 또 한 가지 방법이 있다. 바로 질문을 하는 것이다.

상대방이 의도하는 바 혹은 감추고 있는 그 속내를 내가 짐작할 수 있는 방법, 말하지 않은 상대방의 생각과 의도를 내가 미리 알 수 있는 방법은 간단하다. 질문을 하는 것이다. 그래서 올바른 질문, 정확한 질문의 힘은 굉장히 크다. 남들에게 "저 사람은 말을 참 잘한다"는 평가를 받는 사람들을 유심히 살펴보면 질문을 잘한다는 것을 알 수 있다.

어떻게 질문하면 상대방이 내가 하는 말에 대해 긍정적으로 생각할까? 그건 의외로 쉽다. 상대방이 말하고 싶어 하는 것을 물어보면 된다. 예전에 유명한 경영 컨설턴트의 강의를 들은 적이 있는데, 그분의 말 중에서 인상적인 것이 '컨설턴트는 클라이언트가 하고 싶은 말을 대신 해 주는 사람'이라는 것이었다.

대화는 관계다. 그렇다고 무조건 질문을 퍼붓는 것이 능사가 아니라는 뜻이다. 그보다는 어떤 질문을 하느냐가 중요하다. 처음에는 대답하기 쉬운 질문 또는 재미있게 대답할 수 있는 질문이 좋다. 상대의 모습이나 대화에서 힌트를 얻어 그 사람이 관심 있어 하는 분야의 질문을 하면 보다 유용하게 대화를 할 수 있을 것이다.

질문에도 여러 종류가 있다. 대화를 이어가는 질문이 있는 반면, 대화를 단절시키는 질문도 있다. 무언가를 설명할 여지가 없는 질문은 대화를 단절시킨다. 예를 들어 '예, 아니요'와 같이 단답형으로 대답하게 되는 질문이라든지, 명확하지 않고 막연한 질문이 그러하다.

대화를 이어갈 수 있는 질문은 쉽게 말해 논술식 질문이다. 상대와 긴 대화를 나누고 싶다면 길게 대답할 수 있는 질문을 해야 한다. 대표적인 예로 '어떻게'를 넣어 질문을 하는 방법이 있다.

"어떻게 그렇죠? 왜 그렇죠?"

"그렇게 한다면 어떨까요?"

이런 식으로 질문한다면 상대는 조금 더 진지하게 생각해서 대답하고 마음을 조금씩 열 가능성이 많아진다. 여기에 자신의 경험을 살짝 넣어 질문한다면 '나는 당신 말에 굉장히 관심이 있다' 또는 '나는 당신에게 질문하기 위해 최소한의 것들을 준비했다'는 것을 느끼게 해줄 수 있다. 질문이 막힐 때에는 FROGS 기법을 떠올려보자. 일명 '개구리 법칙'이다.

Family 가족: "남동생이랑 누나는 보통 자주 다투던데 어렸을 때 어떠셨어요?"

Recreation 여가: "댄스를 배우신다고요? 어떻게 그 취미를 시작하게 되셨어요?"

Occupation 일: "연극을 하신다니 대단하네요. 왜 그 일을 시작하게 되셨어요?"

Geography 사는 곳: "안양에 맛집이 많다던데 정말 그런가요?"

Social life 사회생활: "친구들 만나면 주로 어떤 이야기를 나누세요?"

대화를 할 때 질문의 법칙을 잘 적용하게 되었다면 여러분은 말하기의 고급 단계를 지나고 있다고 할 수 있다.

대화를 잘 이끌어가고 싶다면 딱 세 가지만 기억하자.

첫째, 공평하게 말하라. 내가 10분 동안 이야기를 했으면 상대방도 10분 동안 이야기할 권리가 있다. 좋은 대화란 기본적으로 공평한 것에서부터 시작된다. 내가 말했으면 당연히 상대방도 말해야 한다. 물론 상대가 이야기했으면 당연히 나도 이야기해야 하지만, 일단 나부터 실천해보자.

둘째, 잘 들어라. 남의 말을 잘 들으면 자다가도 떡이 나온다고 생각하자. 사람은 기본적으로 남의 일에는 그리 관심이 없다. 유명해서 길을 갈 때마다, 누구를 만날 때마다 사람들의 시선을 의식해야 하는 사람이 아니라면 말이다. 그래서 내 말에 귀를 기울여주는 사람에게는 우호적일 수밖에 없다. 나한테 관심이 있고, 내가 하는 말에 귀를 잘 기울여주는 사람에게 어떻게 심드렁하게 대할 수 있겠는가. 일단 이렇게 말을 잘 듣고 있다는 것을 상대방이 알게 되면 이야기가 술술 풀려나가기 시작한다. 시작이 반이라고 하지 않나. 대화는 경청만으로도 좋은 스타트를 끊을 수 있다.

셋째, 질문을 하라. 상대방이 하는 말에 대해 질문을 한다는 것은 기본적으로 관심을 갖고 듣는다는 뜻이기도 하다. 그렇기 때문에 전혀 엉뚱한 질문만 아니라면 질문 하나가 상대방으로 하여금 우호적인 태도를 심어주는 계기가 된다. 또한 상대방이 무슨 생각을 하고 있는지를 가장 정확하게, 그리고 가장 빠르게 알 수 있는 방법이기도 하다.

🔊 손 아나의 꿀팁!

어떤 리액션을 해야 할지 모르겠다면 '뒷말 따라 하기'를 추천한다. "오늘 우리 부장이 말도 안 되는 소리를 하잖아"라고 말하면 "말도 안 되는 소리를 했어?"라는 식으로 마지막 부분을 그대로 따라 하는 것이다. 이 방법은 대화가 뚝뚝 끊어지는 것을 막을 수 있다.

4강 2장
상대의 입장에서
생각하자

이제 보다 진일보한 단계, 즉 사람들과 주고받는 대화에 대해 본격적으로 탐구하고 나의 말에 대한 영향력을 생각하는 단계로 넘어가 보자.

얼마 전 경제·경영 서적을 집필하는 작가가 《센스메이킹》이라는 책을 추천해줘서 읽어보았다. 그 책은 어떻게 하면 보다 더 좋은 말을 할 수 있을지 고민하는 사람들에게 좋은 생각할 거리를 제공해주고 있었다. 요즘 유행하고 있는 말 중에 '빅 데이터big data'라는 단어가 있다. 빅 데이터는 컴퓨터나 실시간 어플 등을 바탕으로 방대한 양의 데이터를 모은 후 알파고와 같은 인공지능 또는 정교한 프로그램을 통해 정확히 분석하고 예측하는 시스템이다. 그런데 이 책에서는 빅 데이터와 같은 정밀한 데이터의 분석도 중요하지만 그 이면의 모습을 들여다볼 필요가 있다고 제안한다.

만약 누군가 "사람이 무엇인가요?"라는 질문에 대해 "수분이 약 70%

그리고 15% 정도의 단백질과 지방 등으로 이루어져 있는 물체다"라고 대답한다면 틀린 말은 아니지만 '그것만으로는 설명이 부족한데'라는 생각이 들 것이다. 사람이란 물질적 구성만으로 모든 설명이 가능할 만큼 단순한 존재가 아니기 때문이다. 우리가 원하는 영향력과 반응을 얻기 위해 상대방을 파악하고 분석하는 과정도 물론 필요하지만, 상대방을 이해하고 공감대를 형성하는 것이 더욱 중요한 것도 그런 이유에서다. 마음을 얻을 수 있다면 무엇이든 가능해진다. 따라서 상대가 무엇을 듣고 싶어 하는지를 알아야 한다.

🗨️ 사람들이 기억하는 말의 비밀

오늘날 현대인들은 이른바 '말의 홍수' 속에서 살고 있다고 해도 과언이 아니다. 일상생활 속에서 만나는 사람들의 말뿐만 아니라 각종 미디어가 매일같이 쏟아내는 수없이 많은 '말'들은 지금 이 순간에도 실시간으로 전달되고 있다. 그러다 보니 누군가의 말에 귀를 기울이기가 예전보다 더 어려워졌다. 수없이 많은 말이 홍수처럼 범람하는 시대에 타인의 말을 귀담아듣는 것은 좀처럼 쉽지 않기 때문이다.

누군가에게 말하기 전에 한번 생각해봐야 할 것이 있다. 바로 남들은 생각보다 내 말에 관심이 없다는 사실이다.

남들 앞에서 무언가를 말해야 하는 내가 유명한 사람이 아니라면 기본적으로 상대방은 내 말에 전혀 관심이 없다. 실제로 말을 하고 대화를 나누는 것이 직업인 필자가 경험한 바로도 기본적으로 사람들은 남의 이야기에는 관심이 없다. 그렇기 때문에 듣는 사람이 누구인지를 정확하게 알고 있어야 할 필요를 강하게 느낀다. 듣는 사람이 관심을 갖고 있는 분야, 흥미 있어 하는 주제를 이야기한다면 자연스럽게 관심을 갖지 않을까? 정리하자면 말을 조리 있게 하는 것은 물론, 상대가 관심을 가질 만한 말을 해야 더 효과적으로 대화할 수 있다. 그래야 상대에게 당신의 말이 들릴 것이다.

🗨️마음을 울린 거지 여왕의 말 한마디

사랑의 반대말은 미움이 아니라 무관심이라고 한다. 미움도 사랑의 반대 방향일 뿐이라는 말, 감정의 열렬함으로 생각해본다면 맞다고 생각한다.

사람들은 기본적으로 남의 말에 관심이 없기 때문에 듣는 사람에 대해 생각하고 말을 꺼내야만 한다. 그리고 듣는 사람이 어떤 사람인지는 물론, 어떤 상황에 놓여 있는지, 왜 이 자리에 있는지에 대해서도 파악해야 헛다리 짚는 말을 하지 않을 수 있다. '상대방에 대한 지식'이 필요하고, 한발 더 나아가 '상대방에 대한 이해'가 필요하다. 상대방이 나를 이해하고, 나의 마음을 움직일 수 있는 말을 한다면 나는 과연 무관심하거나 무덤덤하거나 그 사람에 대해 냉랭할 수 있을까?

'한 번도 안 본 사람은 있어도 한 번만 본 사람은 없다'는 미드 〈왕좌의 게임Game Of Thrones〉 시즌 3, 에피소드 4에는 이 드라마의 핵심 캐릭터 중한 명인 드네리스 타가리엔 여왕에 대한 이야기가 나온다. 드네리스는

'여왕'이라는 칭호를 갖고 있기는 했지만 다스릴 영토나 백성들 그리고 군대도 없는 암담한 처지였다. 가진 것이라고는 그녀를 곁에서 지켜주고 있는 몇 명의 호위 무사와 이제 알을 깨고 태어난 지 얼마 안 된 새끼 용 세 마리가 전부였다. 하지만 그녀에게는 잃어버린 왕국을 되찾겠다는 강한 열망이 있었다.

그 열망을 현실로 만들기 위한 시작점으로 강한 군대를 갖고자 했던 여왕은 노예 상인들이 있는 도시 아스타포로 향한다. 그곳에서 강한 전투력을 자랑하던 '무결병'이라는 군대를 사겠다고 노예 상인들과 협상을 시작하지만 그녀가 가진 것 없는 초라한 신세라는 사실을 알게 된 그들은 '거지 여왕'이라는 모욕을 주고 비웃는다. 그런데 여왕은 협상 도중 자신을 조심스럽게 쳐다보는 사람들의 존재를 눈치 챈다. 그들은 바로 노예 상인들에게 붙잡혀 와서 목에 사슬을 매고 생활을 하는 노예들이었다. 아스타포에서 여왕이 사들이려고 하는 '무결병 군대' 8천 명도 모두 노예 상인들에 의해 강제로 거세당하고 군인으로 훈련받은 노예들이었다. 결국 여왕이 갖고 있던 새끼 용 한 마리를 노예 상인에게 주는 조건으로 거래가 성사된다.

여기서 유독 필자의 관심을 끈 장면은 후반부였다. 노예 상인에게서 무결병을 지휘할 수 있는 황금 회초리를 건네받은 여왕은 무결병들이 자신의 명령에 따른다는 것을 확인한 다음 아이들과 여자를 제외한 노예 상인을 모두 죽이라고 명령을 내린다. 자신의 명령에 충실하게 복종하며 노예 상인들을 모두 죽인 무결병들을 보면서 여왕은 뜻밖에도 "너희들은 이제 노예가 아니라 자유민이다. 죽이지도, 위해를 가하지도 않을 테니 지금 떠나고 싶은 사람은 나를 떠나도 좋다"라고 말한다. 잃어버린 왕좌를 되찾기 위해 힘이 필요했던 여왕이 처음으로 갖게 된 그 군대가 와해될 수도 있는 행동을 한 것에 깜짝 놀랄 수밖에 없었다.

새로운 주인의 말을 접한 무결병들은 예상치 못한 상황에 침묵에 빠지고 만다. 그러다 "대신 자유민으로서 나와 함께 싸우지 않겠는가?"라는 여왕의 외침에 무결병 군사들이 하나둘씩 창을 땅에 내리치면서 여왕의 뜻에 동참하겠다는 뜻을 표한다. 그 이유는 자신들을 아무렇게나 부리지 않고 한 명, 한 명 인격체로 대해주는 여왕의 마음에 감사하고 동감했기 때문이었을 것이다. 그렇게 '거지 여왕' 드네리스 타가리엔은 무결병 군대를 거느리고 인근의 도시들을 돌아다니면서 노예들을 해방하는 방법으로 영토를 하나씩 넓혀나가기 시작하며 '사슬 파괴자Chain Breaker'라는 또 하나의 호칭을 얻게 된다.

비록 TV 드라마의 한 장면이기는 하지만 필자는 '마음을 울리고 사람의 마음을 얻는 말이란 저런 것이겠구나' 하는 생각을 했다. 드라마나 영화, 연극의 대사뿐 아니라 실제 역사를 살펴보면 현실에서도 이와 같은 말의 위력을 어렵지 않게 찾을 수 있다. 이를테면 객관적인 전력의 열세에도 불구하고 남북전쟁에서 '노예 해방'을 선언한 링컨 대통령이 승리를 할 수 있었던 것이나, 도저히 넘을 수 없고 극복할 수 없을 것 같았던 인종차별의 벽이 깨지기 시작한 것도 "나에게는 꿈이 있습니다"라고 말한 마틴 루터 킹 목사의 감동스러운 연설에서 비롯된 결과라고 훗날 사람들은 해석하고 있다.

우리가 하는 말의 놀라운 영향력이란 그런 것이 아닐까 싶다. 당연히 그렇게 되기 위해서는 상대방에 대해 잘 아는 단계가 아니라 상대방의 마음 깊숙한 곳에 자리 잡고 있는 것을 건드릴 수 있을 만큼 깊은 이해가 필요하다. 서로 같은 마음이라는 것을 공명해야 일어날 수 있는 울림이기도 하다.

어렸을 적 읽었던 《알리바바와 40인의 도둑》이나 《신밧드의 모험》과 같은 이야기들을 떠올려보면 '사람들에게 주목받는 말하기란 무엇일까?'에 대한 중요한 힌트를 얻을 수 있다. '천일야화'라는 이름으로 불리는 그 놀라운 이야기들은 듣는 사람들의 호기심을 한껏 자극하는 흥미롭고 재미있는 이야기로 가득하다. 그렇기 때문에 자연스럽게 '또 다른 이야기는 없나?' 하는 추가적인 관심을 불러일으킬 수 있다.

왕의 분노를 잠재우기 위해 시작한 이야기가 하룻밤을 지나는 동안 '다른 이야기는 없을까?'라는 관심으로 이어졌다. 그렇게 계속된 이야기가 천 일하고도 하루 동안 이어졌고, 그사이 왕의 분노는 사그라들어 이 놀라운 이야기를 들려주던 현명한 여인은 왕비가 돼서 행복하게 살았더라는 동화를 기억한다. 지혜로운 여인 세헤라자데는 무시무시한 왕이 무슨 말을 듣고 싶어 하는지를 혹시 알고 있었던 것 아닐까? 실제로도 대화를 나눌 때 가장 호응이 좋고, 내가 원하는 방향대로 대화가 흘러가는 경우는 상대방이 듣기 원하는 말을 내가 할 때다.

같은 취지로 말을 해도 어떤 사람은 상대방으로 하여금 열렬한 호응을 얻는데, 어떤 사람은 전혀 그렇지 않기도 한다. 그 둘 사이에는 도대체 어떤 차이가 있는 걸까? 전자는 아마 듣는 사람으로 하여금 '이 사람은 나를 존중해주고 있구나' 하는 생각이 들게 하는 것 아닐까? 나보다 남을 먼저 생각하는 것이야말로 설득력 있는 대화의 비밀인지도 모른다.

미리 정보를 획득하자

남들이 기억하는 말의 비밀은 세헤라자데의 '천일야화'처럼 다음 이야기를 기대하게 하는 것이다. 실제로 이렇게 조언을 해줘도 심드렁하게 반응하며 "제가 워낙 말주변이 없어서 재미있게 이야기를 하려고 해도 썰렁해져요"라고 하소연하는 사람들이 많다. 같은 말도 재미있게 하기 위해서는 상당한 재능이나 훈련이 필요한데 이때 한 가지 팁이 있다. 미리 상대에 대한 정보를 최대한 모으는 것이다.

필자는 강연을 하기 전 미리 앞자리의 청중들이 있는 곳으로 가서 간단한 인사를 건네면서 사소한 신변잡기 식의 이야기를 나누고는 한다. 청중들이 어떤 일을 하는 사람들인지, 혹은 어떤 이유 때문에 그 자리에 와 있는지 등 사소한 정보라도 알아낼 수 있기 때문이다. 그런 게 무슨 도움이 될까 싶겠지만 의외로 이런 작은 행동이 큰 도움이 되는 것을 필자는 숱하게 경험했고 목격했다.

처음 보는 사람들 앞에서 무슨 말을 어떻게 꺼내는지뿐만 아니라 시선을 어디에다 두는지도 중요한 문제다. 강연을 시작하기 전에 미리 대화를 나누었던 사람들을 쳐다보면서 시선을 맞추고 이야기를 하면 긴장감을 완화시키는 데 큰 도움이 된다. 모두가 생판 초면인 와중에 조금이라도 친숙한 얼굴이 있으면 심리적으로 안정감이 느껴진다. 내가 어색하지 않고 자연스러운 동작과 시선 처리로 사람들을 쳐다보면서 이야기를 하면 보고 듣는 사람들 역시 한결 부담 없이 이야기에 집중할 수 있다는 것도 하나의 덤으로 주어지는 효과다. 또 미리 알아낸 정보들과 연관 지어 말을 시작하기에도 효과적이다. 청중들도 필자에 대한 안면이 없는 상황에서 필자가 하는 말에 몰입하기가 쉽지 않을 수 있는데, 이때 '내가 당신들에 대해 이렇게 관심이 있다'는 것을 초반에 보여주면 전체적인 이야기를 끌어가는 데 도움이 톡톡히 된다.

가령 수능 시험을 한 달 앞두고 강연을 들으러 온 수험생들에게 92학년도 학력고사가 91년도보다 훨씬 쉬워서 수험생들의 평균 점수가 대폭 높아졌다는 에피소드를 들려주는 것과 "작년도 수능은 이런 특징이 있었는데 올해는 이렇게 예상해본다"라고 말하는 것 중 어느 쪽의 반응이 더 좋을까? 상대방이 나의 말에 관심을 보이도록 하기 위해서는 우선 내가 상대방에게 관심을 갖고 있다는 것을 보여주어야 한다.

사전조사를 하는 방법도 많은 도움이 된다. 만약 필자가 소개팅을 하는데 상대가 첫 만남에서 이런 말을 한다고 가정해보자.

"영주 씨가 연극을 하신다고 해서 좀 찾아봤더니 〈라임의 왕 김삿갓〉이라는 작품에서 '행수'라는 역할을 하셨더라고요. 사진을 보니 너무 매력적이던데 어떤 캐릭터였어요?"

아마 이런 질문을 하는 남자라면 외모가 어떠하든, 목소리가 어떠하든 필자는 그를 다시 보게 될 것이다. 그리고 신이 나서 그 캐릭터와 작품에 대해 이야기를 할 테고 그렇게 공감대가 형성될 것이다.

위의 사례에서도 알 수 있듯이 상대를 만나기 전 사전조사를 하는 것은 대화의 내용을 풍성하게 만드는 데 도움이 된다. 사전조사를 하는 방법에는 여러 가지가 있다. 예를 들어 내가 만나야 할 사람에 대한 정보^직접 묻거나 SNS를 활용한다거나 주변 사람의 도움을 받는 것 등, 상대방과 만나기로 한 장소^{대화}를 나눌 장소, 강의를 해야 한다면 강의실의 상황 등와 같이 서로가 관심을 가질 수 있는 부분에 대해 최대한 많은 정보를 확보할수록 상대의 마음을 얻기 쉬울 것이다.

상대방의 니즈를 파악하고 응답하라: Yes, but

이렇게 상대방에 대해 내가 알고 있고, 관심이 있다는 사실을 잘 전달했다면 좋은 대화는 이미 시작되었다고 할 수 있다. 여기서 우리가 중요하게 생각해야 할 또 다른 포인트가 '말에 대한 니즈^{needs}'다. 친한 친구들과 별다른 의미 없이 나누는 잡담이 아니라면 대부분의 경우 우리가 누군가에게 어떤 말을 하는 것은 그만한 이유, 즉 무언가 필요한 것이 있기 때문이다. 흔히 광고나 마케팅 쪽에서 말하는 니즈라고 할 수 있는데, 말을 하고자 하는 나에게도 어떠한 니즈가 있는 것처럼 상대방에게도 니즈가 있게 마련이다.

양쪽의 니즈가 원만하게 절충점을 찾지 못하고 충돌하게 되면 좋은 대화가 이루어지지 못한다. 내가 상대방에 대해 갖고 있는 니즈가 실현되지 않고 있는데 상대방이 자기가 하고 싶은 말만 늘어놓는다면 나의 마음은 점점 더 차갑게 식을 것이고, 상대방을 향해 열려 있던 마음의 문은 닫히게 될 것이다. 결국 어렵사리 얻은 대화의 기회가 별다른 소득 없이 무위로 돌아가게 되는 것이다. 중요한 사실은 대부분 상대방도 마찬가지라는 것이다.

　나도 상대방에게 원하는 것이 있고 상대방도 나에게 원하는 것이 있기에 서로 자기 말만 하면 부딪칠 수밖에 없다. 이럴 때에는 내가 먼저 한발 뒤로 물러서주는 것이 좋다. 내가 상대방의 말에 먼저 경청하면 상대방이 내게로 다가오는 만큼 서로 가까워지기 때문이다. 경청을 하는 동안 최대한 많은 정보를 머릿속에 입력하자. 상대가 쓰는 단어라든지 상대가 말하는 관점에 귀 기울이다 보면 이 사람이 어떤 성향의 사람인지 조금씩 파악할 수 있고, 상황에 따라 나의 말은 조금씩 변화할 수 있다. 이것은 내가 준비한 말을 일방적으로 전하는 것과는 다르며, 상대가 어떤 말을 하느냐에 따라 나의 대화 방식도 달라질 수 있다는 뜻이다.

　경청에 대한 리액션이라고 하는 것이 상대방의 말과 일점일획의 차이도 없이 완벽하게 전적으로 찬성을 해야 한다는 것은 아니다. 만약 상대와 의견이 다를 때에는 나의 입장도 분명히 이야기해야 한다. "아니요"라는 말과 "아, 그렇군요. 그런데"라는 말은 전혀 다르다. "아니요"라는 것은 일종의 대못을 박는 것과 같다. 당신이 한 말에 대해 나는 '아니다'라고 생각한다는 분명한 거절이다. 그렇기 때문에 일단 당신의 의견이 옳건 그르건 간에 상대방은 약간이라도 상처를 받는다. 또한 자기 방어 심리가 생기기 때문에 "아니요"라고 말한 이후에 자신이 하는 말을 자기 방어 차원에서 이해하고 받아들이게 된다. 상대방의 마음에 한 단계 높은 장벽이 새로 놓이게 되어 "아니요"라고 말하기 이전보다 다가서기가 더 힘들어지는 것이다.

반면 "그렇군요. 그런데"라는 말은 우선 대답을 한 당신과 말을 꺼낸 상대방이 기본적으로 '같은 편'에 서 있다는 것을 의미한다. 이 말은 '다만 세부적인 부분에 대해서는 약간의 이견이 있을 뿐'이라고 추가적으로 대화할 여지를 남기는 것처럼 보인다. 따라서 별다른 장벽이 없는 상태에서 말을 더 주고받을 수 있다.

설득의 상황을 생각해보자. 우리가 하는 대부분의 대화는 '절충지대'를 갖고 있게 마련이다. 나와 상대방의 의견이 합일점을 찾을 수 있을 만한 애매모호하지만 분명히 존재하는 '범위' 혹은 '공간'이 있다는 뜻이다. 말을 어떻게 하느냐에 따라 결과가 달라질 수 있는 '아직 결정되지 않은 상태'의 공간이 있다. 비록 나와의 대화가 어떻게 결론이 나더라도 상대방의 기본적인 입장이 변함없는 것은 사실이다. 하지만 같은 내용의 제안을 하더라도 어떤 사람은 "Yes"라는 승낙을 얻고, 다른 사람들은 "No"라는 차가운 대답을 듣는 일이 벌어진다. 그 이유도 이 '절충지대' 때문이다.

상대방은 "아니에요, 죄송합니다"라고 대답할 준비를 하고 있지만 내가 어떻게 이야기를 풀어나가고, 어떤 방식으로 제안을 하느냐에 따라 상대방의 준비된 거절은 '잠정적 보류'나 '떨떠름한 승낙'으로 뒤집힐 수

있다. "No"라고 하더라도 100% 완벽한 'No'가 있고 51%의 'No'도 존재한다. 그래서 "아니요"가 아니라 "예, 그렇군요. 그런데"라고 말해야 하는 것이다. 상대방이 "No"라고 말하더라도 '아, 안 되는구나'라고 좌절해버리거나 혹은 '내 말에 거절을 한단 말이야?'라고 화를 낼 필요가 없다. 상대방이 하고 싶어 하는 말과 같은 취지의 말을 내가 한다면 나를 향해 닫혀 있던 상대방의 마음과 객관적인 태도가 슬그머니 열리기 시작한다. 그러면 내가 어떤 말을 하든 그 순간 이전과는 다른 반응을 기대할 수 있게 된다.

이를테면 넥타이 매장에서 쇼핑하는 사람을 상대하는 매니저의 상황을 생각해보자. 얼굴이나 피부 톤이 전체적으로 검은 편인 손님이 이런저런 넥타이를 고르다가 "이 빨간색 넥타이가 저한테 잘 어울릴 것 같지 않나요?"라고 물어봤을 때 분명 객관적으로는 빨간색 넥타이가 잘 어울릴 것 같지 않더라도 "아니요"라고 딱 잘라 말해서는 안 된다. 만약 그런 말을 듣는다면 손님은 넥타이를 사지 않고 매장을 나가버릴 가능성이 크다.

같은 말이라도 일단 상대방의 말에 수긍을 하면 말을 계속 이어갈 여지가 생긴다. 즉, "예, 그렇네요. 그런데 손님, 작은 동물 무늬가 있는 이 연두색 넥타이도 잘 어울릴 것 같습니다"라고 말을 하면 상대방은 나의 말에 대해 부정적으로 반응하지 않는다. 이렇게 같은 말을 하더라도 상대방의 의견에 대해 일단 동의를 한 다음 말을 이어가면 상대방도 계속 절충점을 찾으려고 시도할 수밖에 없다.

내가 먼저 말을 하는 것이 아니라 상대방의 말을 듣고 난 후 말을 하는 것이 가능해지면 말을 많이 하지 않아도 나의 생각과 의견을 상대방의 생각에 연결해서 수정할 수 있는 기회가 생긴다. 상대방의 의도나 생각을 모른 채 내 말만 하다가 자칫 저지르기 쉬운 실수를 피할 수 있다는 뜻이다. 상대방이 무슨 이야기를 하려고 그런 말을 하는지를 파악할 수 있기 때문이다.

🗨️ 녹색 신호등은 '가야 한다'가 아니라 '가도 된다'

남들에게 주목받으면서 원하는 것을 얻을 수 있는 말하기의 또 다른 비밀은 잘 멈춰서는 것이다. 대화가 물 흐르듯 잘 이어져서 본격적으로 하고 싶은 말을 꺼내도 되겠다 싶을 때 한 번쯤 잠시 말을 멈추고 생각을 정리해보는 시간을 가져야 한다. 이는 앞에서 말한 스피치에서의 멈춤 pause과는 약간 차이가 있다. 스티브 잡스가 PT 도중 갑자기 말을 멈추곤 했던 이유는 자신이 강조하고자 하는 부분을 청중들에게 알리기 위해서였던 것에 비해 여기에서 말하는 '멈춤'은 상대방의 반응을 살펴보기 위한 것이다.

아무리 재미있는 말, 도움이 되는 이야기라도 그것을 듣고 있는 상대방의 상황을 감안해야만 한다. 듣는 사람이 어떤 상황인지 파악한 후에 본격적으로 말을 진행하는 것이 좋다는 뜻이다. 이를 신호등과 운전자에 비유해보자. 가령 내가 운전을 하다가 교차로에서 빨간 신호에 걸려 대기 상태에 있다면 차를 멈추고 있다가 다시 신호가 녹색으로 바뀌었을 때 브레이크를 풀고 앞으로 나아갈 것이다. 여기서 주의할 점은 이 녹색 신호등이 의미하는 바다. 녹색 신호는 '가야만 한다Must go'가 아니라 '가도 된다Can go'는 뜻이기 때문이다. 신호가 녹색으로 바뀌었다고 하더라도 다른 차선에서 진입하는 차량 등이 있을 수 있기 때문에 전방 상황을 잘 살펴본 후 나아가라는 것이 녹색 신호등의 뜻이다. 그러니까 녹색 신호는 혹시 발생할지도 모르는 상황에 대비해 상대 운전자에 대한 배려가 선행되어야 한다는 의미로 받아들이는 것이 좋다.

실제로 도로에서 일어나는 많은 교통사고 중에서 전방 상황을 살피지 않고 녹색 신호에 무작정 나아갔다가 급하게 지나가는 차량과 충돌하는 경우가 적지 않다고 한다. 빨간 신호등이 '가면 안 된다'는 의미인 것은 잘 알고 있지만, 의외로 녹색 신호가 의미하는 것은 정확히 알지 못하기 때문이라고 해석할 수 있다. 액셀러레이터와 브레이크를 다루는 것만으로도 차를 움직일 수는 있다. 하지만 그건 단지 기본일 뿐이고 실제 운전 시에는 훨씬 더 많은 상황을 살피고 생각해야 한다. 물론 신호를 위반한 상대방의 과실 비중이 훨씬 크기는 하겠지만, 일단 사고가 나면 피해를 입을 수밖에 없듯이 말을 할 때에도 멈춰야 할 때와 계속해야 할 때가 있다는 것을 염두에 둘 필요가 있다.

"듣는 사람이 무슨 생각을 할지 2/3 생각하고, 나머지 1/3만큼 내가 하고 싶은 말을 생각하고 말하면 된다"고 링컨 대통령은 말했다. "어떻게 하면 훌륭한 연설가가 될 수 있습니까?"라는 질문에 말이다.

상대방과 대화를 하는 데 있어서 '멈춤'의 진정한 의미는 상대방에 대한 배려다. 내가 더 하고 싶은 말이 있다고 하더라도 상대방의 표정과 상황에 따라 말을 멈추거나 수위를 낮추는 자세가 필요하다. 왜냐하면 진정한 의미의 '대화'가 추구하는 궁극적인 지향점은 상대방의 공감을 일으키는 것이기 때문이다.

이제 우리의 말하기 수준이 상대방을 의식하는 단계까지 올라왔으므로 상대를 존중하고 배려하는 마음을 갖는 것이 말하기에서 얼마나 중요한지 이해할 수 있을 것이다.

'사람들이 기억하는 말'에는 몇 가지 비밀이 있다.

첫 번째, '남들은 나의 말에 관심이 없다.' 기본적으로 사람들은 자신에게만 관심이 크지 남에게는 그리 관심이 없다. 이를 염두에 두고 말을 하면 실수를 줄일 수 있다.

두 번째, '마음을 얻는 말'을 해야 한다. 8천 명의 노예 군대에게 "집으로 돌아가도 좋다"라고 말할 정도로 배짱이 두둑했던 미드 〈왕좌의 게임〉 속 여왕 드네리스 타가리엔은 결국 죽음도 기꺼이 불사할 만큼 충성심으로 불타는 군대를 갖게 되었다.

세 번째, 남의 마음을 얻는 말처럼 저 높은 곳에 있을 것 같은 말 말고, 지금 당장 내 수준에서 가능한 말이 무엇일까 고민해볼 필요가 있다. 스피치를 할 경우 미리 발표장에 가서 앞자리에 있는 사람들과 이런저런 가벼운 이야기를 나눠보라. 청중들이 어떤 생각을 하는지 미리 알 수 있을 것이다. 할 수 있는 만큼 대화하는 상대에 대한 사전정보를 얻어 준비해 가는 것도 방법이 될 수 있다.

다음으로 꼭 기억해야 할 것은 "No"가 아니라 "Yes, But"이라고 말하는 것이다. "No"라고 말하는 순간 당신이 다음 말을 뭐라고 하든 상대방은 듣지 않는다. 왜? 마음의 문이 '쾅!' 하고 닫혔기 때문이다. 그런 상황에서 무슨 이야기인들 귀에 들어오겠는가. 그보다는 "예, 그렇군요. 그런데 저는 이렇게도 생각합니다. Yes, but"이라고 말하는 것이 좋다.

마지막으로 명심해야 할 부분이 있다. 바로 잘 멈춰서는 것이다. 링컨은 듣는 사람이 무슨 생각을 할지 2/3 생각하라고 말했다. 내가 하고 싶은 말보다 상대가 듣고 싶은 말에 관심을 가져보자. 잘하는 말은 남에게 있다.

🔊 손 아나의 꿀팁!

세상을 살아가다 보면 도저히 대화가 안 통한다고 느껴지는 사람이 있다. '어떻게 저럴 수가 있지?'라는 생각에 이해가 안 가는 것이다. 그럴 땐 '존이구동(存異求同)'이라는 한자를 떠올리자. 이는 남과 다름을 인정하고 그중 같은 점을 찾는다는 사자성어다. 상대방과 나는 기본적으로 다르다. 살아온 환경도 다르고, 생각과 가치관도 당연히 다르다. 상대가 도무지 이해되지 않을 때 가르치려 하거나 바꾸려 하기보다는 저 사람은 틀린 것이 아니라 다른 것임을 인정하자. 그리고 그 사람을 꼭 만나야 한다면 같은 점을 하나라도 찾아보자. 하다못해 나처럼 음식 중에서는 치킨을 가장 좋아한다든지, 드라마에 빠져 있을 수도 있다. 언제나 '존이구동'을 기억하자.

4강 3장
마음을 사로잡는
구체적인 화법

설득이란 단순히 머리싸움을 하는 것이 아니다. 그보다는 감성적으로 사람의 마음을 터치해야 행동의 변화를 이끌어낼 수 있다. 그런 의미에서 설득은 머리로 이해하는 것이 아닌 마음에서 우러나오는 것이다. 진심으로 공감한 상태에서 마음으로부터 우러나오는 진정성 있는 한마디가 사람의 마음을 움직일 수 있다. 이제부터라도 따뜻한 말로 바꾸도록 노력해보자.

쿠션 언어와 청유형 말투로 따뜻함을 장착하라

쿠션 언어

쿠션 언어란 상대방에 대한 세심한 배려와 정성이 느껴지는 언어를 뜻한다. 의자에 앉기 전 쿠션을 하나 대고 앉으면 훨씬 편하듯이 부정적인 말을 하기 전에 공감하는 듯한 단어를 먼저 말하는 방식이다. 이런 식의 언어는 기본적으로 상대방에게 신뢰를 얻고 존중받을 수 있다.

> **예** 죄송하지만 / 괜찮으시면 / 귀찮으시겠지만 / 덕분에 / 제가 할
> 수 있는 일이 있으면

상대가 원하는 것을 들어주지 못하거나, 부탁을 해야 하거나, 나의 의견을 말해야 하는 경우 이런 문구들을 쿠션처럼 사용하면 상대가 존중받는 듯한 기분을 느낄 수 있다.

청유형 말투

청유형 말투란 정중하게 부탁하는 말투를 뜻한다. 일방적으로 상대방에게 행동을 지시하는 명령형과 달리 청유형은 상대방에게 자신과 같은 행위를 요구할 때 사용하면 좋다.

> 여기서 기다리세요. → 여기서 기다려주시겠어요?
> 저 좀 도와주세요. → 잠시 저 좀 도와주시겠어요?

청유형 말투를 사용하면 상대에게 불쾌감을 주는 것을 막아준다.

제대로 칭찬하고 감사하기

칭찬을 싫어하는 사람이 있을까. 일부러 칭찬하는 걸 뻔히 알면서도

들으면 기분 좋은 것이 바로 칭찬이다. 칭찬에는 다음과 같은 법칙이
있다.

- **구체적으로 칭찬하기**: 칭찬을 할 때에는 구체적인 사항과 사실을 표현
  하라.
  > **예** "영주 씨는 강의할 때 청중들과 눈을 참 잘 마주쳐서 대화하는
  > 느낌이 들어 편해요."
- **공개적으로 칭찬하기**: 모든 사람이 보는 앞에서 해주는 칭찬이 최고의
  칭찬이다.
  > **예** (사람들 앞에서) "와, 오늘 손영주 아나운서 진행 정말 멋지지 않
  > 았어요?"
- **즉각적으로 칭찬하기**: 시간이 지나 칭찬하기보다 그 자리에서 바로 칭
  찬하라.
  > **예** "오늘 영주 씨가 연기하는 걸 보면서 우리 가족도 생각나고 참
  > 감동적이었어요."

아이 메시지로 원활한 대화 이끌기

아이 메시지란 '너 메시지'가 아닌 '나 메시지' 기법이다. 설사 내 잘못
이 아니더라도 갈등 상황에서는 무작정 상대에게 감정을 표현하지 않는
것이 좋다. 자칫 관계의 단절을 불러일으킬 수 있기 때문이다. 그보다는
나의 입장과 감정을 상대방에게 어필하면서 말하고자 하는 바를 전달하

는 방식이 훨씬 효과적이다.

너 메시지 대화법은 '너'가 주어가 되어 상대의 행동을 지적하는 화법이다. 따라서 갈등의 본질을 보기보다는 상대를 탓하는 느낌을 전달하고 갈등은 심화된다.

한편 나 메시지 대화법은 '나'를 주어로 사용해 내 생각과 감정을 진솔하게 전달하는 화법이다. 자신이 느끼는 생각이나 감정을 상대에게 표현함으로써 대화를 원활히 이어갈 수 있다.

예를 들어 누군가의 잘못을 지적할 때 다음과 같이 표현해보자.

"넌 도대체 매번 왜 그러는 거야?"
⇨ "네가 (구체적 사실)을 해서 다른 사람들에게 지적을 받게 될까봐 내가 걱정돼."

"너는 왜 맨날 전화를 그렇게 받니?"
⇨ "나는 네가 전화통화를 할 때 목소리를 낮게 말하면 나한테 화가 났나 생각하게 돼서 걱정이 돼. 혹시 좀 더 밝게 전화를 받아줄 수 있겠니? 어떻게 생각해?"

이런 식으로 말하면 상대는 비난받는다는 느낌을 덜 받게 되고, 부정적인 감정이나 방어 기제를 앞세우지 않는 상황에서 본질을 놓치지 않고 이야기할 수 있다.

아이 메시지를 구체적으로 활용하려면 다음과 같은 순서로 생각을 정리해서 말해보자.

1. **쿠션**: 본격적인 이야기를 하기 전에 부드럽게 시작하자.

> 예 "상엽이가 듣기에 불편할 수도 있겠지만 솔직하게 얘기할게."

2. **관찰**: 있는 그대로의 객관적이고 구체적인 사실을 말하라.

> 예 "너는 지난주 회의시간에 차가 막혔다며 세 번 지각을 했어."

3. **느낌**: 생각이나 판단이 아닌 무엇을 느꼈는지 감정을 표현하라.

> 예 "나는 네가 불성실하다고 오해를 받을까봐 선배로서 걱정돼."

4. **욕구**: 말하는 의도, 느낌의 원인은 무엇인가?

> 예 "내가 이 말을 하는 이유는 네가 이 조직에서 잘 지내기를 바라고, 나아가 성장하기를 바라기 때문이야."

5. **부탁**: 구체적, 긍정적, 의문형으로 말하기

> 예 "앞으로는 회의시간 20분 전에 좀 여유 있게 도착하면 어떨까?"

6. **피드백**: 꼭 상대방의 의견 물어보기

> 예 "상엽이는 어떻게 생각해?"

모든 순서를 지키려고 하기보다는 나의 감정과 의도를 말한다는 것에 초점을 맞추자.

상대의 부탁을 거절하거나 반대로 내가 부탁을 해야 할 때 적절한 쿠션 언어와 청유형 문장, 상대의 마음을 따뜻하게 해주는 칭찬 화법을 활용해보자. 갈등 상황에서도 나의 의견을 상대에게 기분 나쁘지 않게 아이 메시지로 말하는 방법들을 적절히 사용하면 본질을 놓치지 않고 대화를 할 수 있다.

▶▶ 쿠션 언어와 청유형 문장

쿠션 언어: 죄송하지만 / 괜찮으시면 / 귀찮으시겠지만 / 덕분에 / 제가 할 수 있는 일이 있으면

청유형 문장: 여기서 기다리세요. ⇨ 여기서 기다려주시겠어요?

저 좀 도와주세요. ⇨ 잠시 저 좀 도와주시겠어요?

▶▶ 칭찬

구체적으로 칭찬하기: 구체적인 사항과 사실을 표현하는 칭찬

공개적으로 칭찬하기: 모든 사람이 보는 앞에서 해주는 것이 최고의 칭찬

즉각적으로 칭찬하기: 시간이 지나기 전 그 자리에서 바로 하는 칭찬

▶▶ 아이 메시지

1. 쿠션: 본격적인 이야기를 하기 전에 부드럽게 시작하자.

2. 관찰: 있는 그대로의 객관적이고 구체적인 사실을 말하라.

3. 느낌: 생각이나 판단이 아닌 무엇을 느꼈는지 감정을 표현하라.

4. 욕구: 말하는 의도, 느낌의 원인은 무엇인가?

5. 부탁: 구체적, 긍정적, 의문형으로 말하기

6. 피드백: 꼭 상대방의 의견을 물어보기

◀» 손 아나의 꿀팁!

아이 메시지를 써서 상대와 대화를 이어나가려는데 계속해서 상대가 나를 비난한다면 나는 어떻게 해야 할까?

《자존감 수업》의 저자 윤홍균 님의 강연에서 기억에 남는 말이 있다.

상대가 나를 비교, 비약, 비난하는 말에 답하는 방법으로서 "그렇네요", "그렇겠네요", "그러게요"라고 답하는 것이다.

"남들은 다 그러는데 넌 왜 이래?" : "그러게요."

"너 이러면 나중에 큰일 난다!" : "그렇겠네요."

지금까지 상대가 하는 비교, 비약, 비난의 말에 똑같이 공격으로 대응했다면 이제부터 마법의 세 마디 대답을 활용해보자.

5강

말하기 실전:
그림 그리듯
말하기

말을 잘한다는 것은 준비한 스피치를 잘 전달하는 것일 수도 있고2강, 콘텐츠를 탄탄하게 하는 것일 수도 있다3강. 더 나아가 상대가 하는 말을 경청하며 공감대를 형성할 만큼 노련한 것일 수도 있다4강.

이제 내용을 잘 전달하고 대화를 원활하게 하는 것에서 한발 더 나아가 갈등 상황을 조율하고, 상대에게 도움이 되는 이야기도 해줌으로써 상담가의 역할까지 할 수 있는 방법을 살펴보자5강. 이는 말하기의 실전 단계로, 연극으로 치면 극 전체의 그림을 머릿속에 그리며 디테일을 살리고 애드리브와 메소드 연기가 가능한 단계다.

상황 전체를
객관적으로 살펴라

필자는 말하기나 대화와 관련해 어드바이스 하는 일을 하다 보니 종종 남자와 여자 사이에서 일어나는 이성 간의 오해에 대해 이야기를 나눌 때도 있다. "여자들은 참 희한해요, 카페에서 두어 시간 동안 실컷 수다를 떨었으면서 헤어질 때 '집에 가서 통화해'라고 하더라고요. 그럼 그때까지 뭘 이야기한 거예요?"라는 질문도 가끔 받곤 한다. 생각해보면 그게 왜 궁금한지 이해를 못하는 것도 아니다. 우리는 이런 식의 대화를 생각보다 많이 하곤 한다.

'수다'라는 것이 원래 그렇다. 수다는 연산화법이고 관계화법이기 때문이다. 쉽게 말하면 음식, 연예인, 친구, 직장, 맘에 안 드는 상사 등 온갖 종류의 이야기가 특별한 맥락 없이 산발적으로 이어졌다 끊어졌다 하면서 계속되는 것이 바로 수다의 특징이다. 이렇게 별 의미 없는 수다를 통해 스트레스가 해소되는 효과는 있지만 오래도록 기억에 남는 내용은 없게 마련이다. 많은 이야기를 하기는 했지만 정작 하려고 했던 말은 하지 못했기 때문에 "집에 가서 통화하자"라는 말을 하게 되는 것 아닐까?

이럴 때 기가 막히게 핵심을 파악해 상대가 듣고 싶어 하는 말을 해주거나 고민하던 바를 짚어주는 사람들이 있다. 이런 사람들이야말로 말하기의 고수다. 보통 연륜이 어느 정도 있어서 지혜로운 사람들이 그러하다. 이런 고수들은 갈등 상황에서도 현명하게 대처하며 다른 이들에게 도움이 되는 진짜 조언을 해주는 인생의 보석 같은 사람들이다. 우리도 노력하면 충분히 말하기의 고수가 될 수 있다.

💬 포커스를 잘 잡으면 갈등을 피할 수 있다

사람은 누구나 타인과 대화를 하면서 살아간다. 그리고 때때로 갈등 상황에 직면하기도 한다. 사실 대화 도중 의견이 맞지 않아 다투는 일은 일상에서 얼마든지 일어날 수 있다. 그런데 갈등이 해소되지 않고 지속적으로 분쟁만 발생한다면? 이것만큼 비생산적이고 소모적인 일도 흔치 않을 것이다.

누군가 "당신이 조금 전에 이렇게 말했잖아요. 사과하세요"라고 나를 몰아세운다고 가정해보자. 그럴 때 "그러는 당신은 일전에 안 그랬습니까?"라는 식으로 말꼬리를 붙잡고 맴돌 듯이 공박을 주고받는다면 문제 해결에 아무런 도움이 되지 못한다.

의식하는 사람도 있고 그렇지 않은 사람도 있겠지만, 사람과 사람 사이에서 빚어지는 갈등의 상당수가 그렇게 시작된다고 해도 과언이 아니다. 상대방이 말하려는 의도를 파악하지 못하고, 단순히 그 사람의 말 자체에만 집중하기 때문에 이런 문제가 생기는 것이다.

대화를 하면서 갈등을 피하고 오해를 줄이고 싶다면 상대방이 그렇게 말하는 이유를 알아야 한다. 자신만의 포커스에서 빠져나와 전체 그림을 볼 줄 알아야 대화의 흐름을 볼 수 있고 주도권을 쥘 수 있다. 단순히 내 상황, 내 주변, 내 생각에 매몰된 채 근시안적인 태도만 고수한다면 내 입장과 의견을 효과적으로 표현하는 것은 요원한 일이다. 즉, 말하기의 고수가 되기 위해서는 한 발짝 물러나 전체 상황을 바라보고 갈등이 일어나는 근본적인 이유를 파악할 줄 알아야 한다.

"달을 보라고 손가락으로 가리켰는데 달은 보지 않고 손가락만 본다"는 말이 있다. 본질을 보지 않고 곁가지에만 관심을 갖는다는 말이다. 달을 보라고 했는데 달은 보지 않고 손가락만 본다면 그 사람과는 소통하기가 쉽지 않을 것이다. 그런데 의외로 타인과 대화할 때 달이 아닌 손가락을 보는 사람들이 많다.

계곡에 앉아 있을 때 물가 앞에만 있으면 흐르는 물만 보이기 마련이다. 하지만 눈을 돌려 주변을 보면 하늘과 산, 구름도 볼 수 있고 바람도 느낄 수 있다. 물만 보는 것이 1차원적 시각이라면 주변을 돌아보는 것은 3차원적 시각이다.

말에도 차원이 있다. 1차원에만 머물면 상대의 입장을 헤아리지도 못할뿐더러 내가 하고 싶은 말도 잘할 수 없다. 가령 연극 무대에 선 배우가 오로지 자기 대사에만 신경을 쓴다고 치자. 그것은 어떤 식으로든 공

연에 부정적인 영향을 미치게 된다. 3차원적 시야를 가져야 하는 배우가 1차원적 시야에 머물러 있기 때문이다.

시야가 좁은 배우는 자기 대사만 읊다가 상대역의 대사를 잘라 먹기도 한다. 공연을 성공적으로 하기 위해 배우는 전체 대본을 외우는 것은 물론, 무대의 조명과 음향 그리고 상대 배우들의 동선, 동작도 파악해야 한다. 자기 대사에만 매몰되어 전체를 보지 못하는 배우는 결과적으로 자기 몫의 대사도 제대로 할 수 없다.

연기를 잘하는 배우란 모든 상황을 자세히 알고, 그 안에서 자신의 캐릭터를 리얼하게 표현해내는 배우다. 기술적으로 감정 전달을 기가 막히게 잘하는 배우라고 하더라도 스태프들과 트러블을 일으키고 자신만 생각한다면 좋은 연기자라고 할 수 없다. 무대는 배우 혼자 만드는 것이 아니기 때문이다.

타인과 대화를 할 때 이 정도 수준이 가능하려면 나부터 상대의 말에 포커스를 맞춰 들어줄 수 있어야 한다. 하지만 우리는 자주 섣불리 결론을 내리거나, 해결책이랍시고 엉뚱한 대안을 제시했다가 오히려 상대에게 상처를 주기도 한다. 그런 불편한 상황을 만들고 싶지 않다면 상대방이 하는 말 자체에 매몰되지 않고 나만의 포커스에서 벗어나 전체 상황을 가늠할 수 있어야 한다. 그래야 나에게 불리한 상황에서도 지혜롭게 대처할 수 있다.

한편 상대편이 쏟아내는 말에 매몰되어 그의 포커스에 휘말리면 논란은 꼬리를 물고 이어지게 된다. 이것은 문제 해결에 어떠한 도움도 되지 않는다. 한 발짝 떨어진 채 전체 상황을 가늠하며 상대의 포커스에 휘말리지 않을 때 소위 말하는 '어록'이 탄생한다. 예상치 못한 상황에서 틀을 깨는 말을 해주는 사람들이 주목받는다. 그런 사람들을 보면 말을 잘하기 위해서는 상대의 말 자체에 매몰되지 않고 전체 상황을 보면서 돌파구를 찾아야 할 때도 있다는 것을 깨닫게 된다.

전체 상황을 파악하기는커녕 말하고자 하는 바가 무엇인지도 정확히 모른다면 갈등의 골은 깊어질 수밖에 없다. 때문에 어떤 사람과 갈등을 겪는 상태에서 대화를 할 때에는 무작정 말을 시작하기보다 한 발짝 떨어져 본인의 포커스를 점검하고, 말하고자 하는 바를 정확하게 파악하는 것이 중요하다.

내가 어디에 포커스를 두고 그 상황을 바라보는지 제3자의 눈으로 객관화할 수 있다면 인간관계에서 많은 갈등을 해결하고 보다 성공적으로 커뮤니케이션을 할 수 있다. 이것을 연극 무대에 적용하면 무대 위의 소품과 상대 배우의 표정, 나아가 관객의 눈에 비치는 내 모습까지 보이는 단계라고 할 수 있다. 이것은 공식적인 스피치를 할 때도 마찬가지다. 어떠한 배경에서 어떤 관객들을 두고 무슨 이야기를 할 것인지 머릿속에 그릴 수 있다면 절반은 성공한 것이라고 봐도 무방하다.

공감적 경청을 넘어 공감적 반응을 하자

가령 식당에 갔는데 이제 막 아장아장 걸음을 떼기 시작한 귀여운 조카가 먹을 만한 음식이 없는 상황에서 "혹시 아이가 먹을 것이 있을까요?"라고 물었을 경우 두 종업원의 말을 가정해보자.

> **종업원 1**: (친절하고 진심 어린 말투로 안타까워하며) "저희 집에는 아이가 먹을 만한 음식은 없는데 어쩌죠?"
>
> **종업원 2**: (약간 무뚝뚝한 말투로) "메뉴판에는 없는데 고기를 시키면 반찬으로 나오는 계란찜이 간이 심심하고 부드러워서 아이가 먹기에 좋을 것 같네요. 그리고 곰탕 국물에다 밥을 말아 먹이면 될 것 같은데 드릴까요?"

이 두 가지 상황에서 사람들은 흔히 어떤 사람의 응대에 만족감을 느낄까? 아마 십중팔구는 후자의 경우에 만족감을 느낄 것이다. 왜냐하면 내가 필요로 하는 것에 대한 해결 방안을 제시해주었기 때문이다. 한 사람은 친절하게 말하기는 했지만 대안을 제시해주지 않았고, 다른 한 사람은 무뚝뚝하게 말하기는 했지만 대안을 제시해주었다는 차이가 있다.

많은 사람들이 대화를 보다 원활하게 하는 방법에 대해 고민하곤 한다. 무조건 상대방의 말에 귀를 기울이면 대화를 잘 이어갈 수 있을까? 이 부분에 대해 진지하게 고민해볼 필요가 있다.

말하는 방법, 즉 '화술話術'이 좋은 사람은 많지만 '말을 잘하는 사람'은 의외로 많지 않다. 여기서 이야기하는 '말을 잘하는 사람'이란 말로 상대방의 마음을 어루만져주는 사람일 수도 있고, 말은 툭툭 내뱉어도 속내는 따뜻한 사람일 수도 있다.

'말을 잘하는 사람'과 '말은 잘하는 사람' 중에서 우리가 지향해야 하는 쪽은 전자일 것이다. 단순히 하고자 하는 말을 잘 전달delivery하는 사람이 아니라 상대방의 마음과 가슴을 터치하는 사람이 진정 '말을 잘하는 사람'이기 때문이다. 단순히 뒷말을 따라 하거나, "그래? 헐, 대박!" 같은 추임새를 기계적으로 넣는 것은 대화가 끊어지지 않게 해주는 작은 도구에 지나지 않는다. 결국은 대화를 나누는 상대방의 마음에 무언가가 전달되어야 한다.

어떻게 하면 '말을 잘하는 사람'이 될 수 있을까의 문제는 그러니까 상대방의 공간에 들어갈 수 있느냐에 달려 있다고 할 수 있다. 상대방의 입장을 잘 듣는 것만으로는 무언가 부족하다는 것을 캐치하고 같은 입장에 서게 될 때 대화는 한층 깊어지는 단계로 들어가게 된다. 상대방의 닫혀 있던 마음의 문이 조금씩 열리기 시작하기 때문이다.

앞에서 예시로 든 두 명의 음식점 종업원 중에서 전자는 말투가 상냥하고 귀를 기울여 들어주기는 하지만 서비스를 제공하는 나와 그것을 제공받는 너라는 각자의 관계에 머물러 있었던 반면, 후자의 경우에는 '아이가 먹을 수 있는 게 무얼까?'라는 공통된 관심사를 해결하려고 하는 '우리'의 관계에 있었기 때문에 말투와 상관없이 만족감을 느끼게 해주었던 것이다. 말하기나 대화의 기술을 다루는 책에서 종종 접할 수 있는 '맥락적 경청'이 의미하는 것이 바로 그런 것이다. 상대방이 진정으로 원하는 것이 무엇인지 들으려고 노력하는 자세가 우리의 '말하기'를 한층 깊은 단계로 발전할 수 있도록 만들어주기 때문이다. '나'가 아니라 '우리'가 되어서 하는 말은 그렇게 사람들 간의 관계를 긴밀하게 해준다. '우리'에 포커스를 맞춰보자.

맥락적 경청과 job oriented 관점

상대방의 입장에서 문제를 함께 해결하려는 노력은 다양한 분야에서 공통적으로 적용되는 일종의 원리라고 할 수 있다. 외부 강의에서 만난 어느 분의 말이 생각난다. 마케팅 업무를 담당하고 있던 그분은 상대방의 입장에서 진정으로 원하는 것이 무엇인지 들으려고 노력하는 것이 중요하다는 필자의 말에 마케팅에도 '잡 오리엔티드job oriented 관점'이라는 것이 있다고 이야기해주었다. 잡 오리엔티드 관점에서 '잡job'은 고객이 진짜로 원하는 것을 말하는데, 그것에 집중하는 것이 마케팅을 성공적으로 수행하는 데 있어서 가장 중요하다고 한다.

결국 말하기도 마찬가지라고 할 수 있다. 사람들이 하는 말은 액면 그대로의 의미가 아닌 경우가 많다. 몇 년 전 재미있게 본 드라마 〈응답하라 1994〉의 한 장면을 살펴보도록 하자. 나정고아라 분이네 집에서 하숙하던 친구들이 캠퍼스 잔디밭에 모여 앉아서 열띠게 토론을 하는 장면이 있었다.

토론의 발단은 해태손호준 분의 하소연에서부터 시작되었다. 금요일에 고향으로 내려가서 여자 친구를 만나기로 했던 해태는 그날 마침 중요한 일이 생겨 내려가기가 어렵게 되었다. 여자 친구에게 공중전화로 사정을 이야기하자 "금요일에 오든, 토요일에 오든 상관없어"라고 대답을 했더란다. 그래서 "그래, 알았어. 그럼 토요일에 갈게"라고 대답하자 여자 친구가 갑자기 화를 냈는데 그 이유를 도무지 모르겠다는 것이었다.

"아니, 나는 도대체 왜 화를 내는지 알 수가 없다니까"라는 해태의 말에 남자들은 한결같이 이유를 모르겠다고 하는 반면, 여자들은 "그걸 왜 이해하지 못하느냐"며 어이없어했다. 그동안 커뮤니케이션 강의를 숱하게 다니면서 이런 하소연을 많이 들어왔던 터라 슬그머니 웃음이 새어나왔다. "시키는 대로 했는데 왜 화를 내느냐?"는 남학생들과 "그게 무슨 의미인지 그렇게도 모르냐?"며 답답해하는 여학생들의 티격태격은 제자리를 맴돌면서 좀처럼 앞으로 나아가지 못했다.

참다못한 나정이가 새로운 이야기를 사례로 들며 '답답한' 남학생들을 가르치기 시작했다. 독자 여러분도 같이 생각해봤으면 하는 마음에 나정의 대사를 잠시 옮겨보도록 하겠다.

"잘 들어봐. 내 방에 페인트를 칠했어. 그런데 페인트 냄새가 심해서 문을 열었더니 밖에서 매연이 들어와. 막 콜록콜록 기침이 나서 죽을 것 같아. 그래서 문을 닫았더니 이번에는 페인트 냄새 때문에 머리가 지끈지끈거려. 그럼 나는 어떻게 해야 할까?"

나정이가 남학생들을 향해 이 같은 질문을 던졌다. 그러자 남학생들의 의견이 갈렸다. '문을 닫아야 한다'와 '그래도 문을 여는 게 낫다'로. 이 모습을 지켜보던 여학생들은 어쩔 수 없다는 듯한 표정으로 고개를 절레절레 젓고 말았다.

아마 《화성에서 온 남자, 금성에서 온 여자》와 같은 책이나 콘텐츠에 대한 수요가 끊이지 않는 것도 이런 문제가 쉽지만은 않기 때문이라는 것을 짐작할 수 있게 해준다.

우리가 OBC 법칙 등의 요령을 익히고 연습해서 어떻게 하면 말을 시작할지의 문제를 넘어선다고 하더라도 결국은 〈응답하라 1994〉에서 해태의 고민과 같은 맥락의 고민에 맞닥뜨리게 될 것이다. 단순히 일방적인 말의 전달만이 우리가 누군가와 이야기를 주고받는 이유의 전부는 아니기 때문이다.

다시 드라마 〈응답하라 1994〉 속으로 돌아가보자. 남학생들을 곤혹스럽고 심지어 화까지 나게 만들었던 이 문제의 모범 답안은 '칠봉이_{유연석} 분'에게서 나온다. 하숙집 친구들 모두가 지켜보는 가운데 칠봉은 "그래도 문을 여는 게 낫지 않을까?"라고 대답한 후에 나정을 향해 걱정스러운 표정으로 "그런데 나정아, 괜찮아?"라고 물어보았던 것이다. 여학생들은 그제야 찡그리고 있던 얼굴을 펴고 만족스러워하며 "역시 서울 남자들에게는 촌놈들에게 없는 우뇌가 탑재돼 있다"고까지 말한다. 하지만 남학생들은 그게 무슨 소리냐는 듯 여전히 어처구니없다는 표정을 짓는다.

해태의 여자 친구나 하숙집 여학생들은 '지금 내 마음에 관심을 가져 달라'는 것이지, 어느 요일에 내려오거나 혹은 문을 닫고 여는 문제를 이야기하고 싶은 것이 아니라는 게 관건이었다. 내가 "어떻게 하면 다른 사람의 마음에 잘 전달되는 말을 할 수 있을까요?"라는 질문을 받을 때면 늘 에두르며 답을 해드리는 이유가 거기에 있다.

상대방이 진정으로 원하는 것이 무엇인지 파악하는 것이 소통의 시작점이다. 무엇을 원하는지 파악하지 못한다면 어떠한 말을 하더라도 상대방은 만족하지 못한다. 엉뚱한 소리를 하는 사람에게 감동을 할 리가 없다. 경영학이나 마케팅 책에서 '고객이 원하는 것을 주라'고 말하는 것도 이와 같은 맥락이다. 앞에서 말한 잡 오리엔티드 관점이 말하는 것도 마찬가지다. 대형 마트 공구 코너 앞에서 카트를 세워놓고 고민하는 여자 손님에게 "사용하기 쉬운 해머드릴을 구입하세요"라고 말하는 것보다 "커튼을 달 만큼 충분히 튼튼한 가정용 테이프가 있는데 써보세요"라고 말하는 것이 손님의 지갑을 열 수 있는 더 좋은 방법이다. 왜냐하면 그 손님이 진짜로 원하는 것은 '겨울용 암막 커튼을 달고 싶은 것'이니까.

그 여자 손님은 커튼을 바꿔 달려면 커튼 봉을 단단히 고정시켜야 하는데 콘크리트 벽면에 구멍을 뚫는 방법밖에 몰라 전동공구 코너 앞에서 서성거리고 있었던 것이다. 손님의 진짜 속마음을 짚어낼 수 있어야 한다는 게 잡 오리엔티드 관점이다. '상대방이 진짜로 원하는 것이 무엇인지를 아는 것이 좋은 말하기, 성공하는 스피치의 비밀'이라는 사실만큼은 반드시 명심해야 한다.

맥락적 경청이나 잡 오리엔티드 관점은 모두 '나'가 아닌 '우리'라는 생각으로 접근해야 한다는 공통의 비밀을 말해주고 있다. 다시 한 번 말하지만 우리의 관심이 필요한 부분은 '나'가 아닌 '우리'에 있다.

가령 연애 때문에 힘들어하는 친구가 본인의 이야기를 털어놓는 상황이라고 가정해보자. 예전에 필자는 그런 이야기를 들으면 이렇게 쉽게 말하고는 했다.

"그럼 헤어져. 그런 친구를 왜 만나?"

아마도 많은 사람들이 연애 문제로 힘들어하는 친구의 이야기에 이런 반응을 보일 것이다. 하지만 상대방이 듣고 싶어 하는 말은 그런 것이 아니다. 헤어지라는 말은 적절한 조언이 아니다. 이럴 때에는 그 친구의 포커스로 상황을 봐야 한다. 그런 다음 자신의 문제를 한 발짝 떨어져서 볼 수 있도록 도와줘야 한다. 그 방법이 바로 포커스를 '나'에서 '우리'로 바꿔 '공감적 반응'을 해주는 것이다.

누군가와 대화를 할 때 그 상황을 둘로 나눠서 보면 상대의 말을 듣는 상황과 내가 말을 하는 상황으로 나눌 수 있다. 내가 상대의 이야기를 들을 때 중요한 것은 상대의 포커스로 들어가 상황을 바라보는 연습을 하는 것이다. 그렇게 되면 공감적 경청을 넘어 공감적 반응이 가능하다.

공감적 반응이라는 것은 말이 쉽지 실천에 옮기기가 여간 어려운 것이 아니다. 경청 단계에서 상대방의 의도 파악에 실패하는 것은 입으로 하는 말의 내용과 마음속에 숨겨진 감정이 다른 경우에도 발생한다. 대화 내용이 단순한 정보 교환이 아니라 감정이나 가치관 등에 관한 것일 때에는 겉으로 드러나는 표현과 속마음의 감정이 다른 경우가 많다. 숨겨진 감정을 파악해 이를 터치하는 반응을 해줄 수 있다면 상대와 '우리'의 관계를 만들 수 있다. 예를 들어 남자 친구 때문에 힘들어하는 친구가 "아, 나 정말 힘들어서 남자 친구랑 헤어져야겠어"라고 하면 "정말 헤어지려고 그러는 거야?"라고 하기보다 "오늘 남자 친구랑 대화가 좀 안 통해 힘들었지?"라고 말을 해야 하는 것이다.

어떤 문제에 대해 상대가 아직 받아들일 마음의 준비가 되어 있지 않은 상황에서 너무 빨리 충고를 해주거나 비판, 책망, 심문을 하게 되면 이에 반감을 가진 상대는 의사소통 통로를 차단해버려 문제 해결을 기대할 수 없다. 공감적 반응은 쉽게 말하면 상대의 말에 충분히 귀 기울이고, 그 말을 자신의 말로 요약해 다시 반복해주는 것을 말한다. 단지 상대의 말을 요약해 옮기는 것뿐이지만 문제 상황에서 대화를 지속시키고 당사자가 스스로 해결책을 찾아나가도록 하는 데 효과적이다.

상대의 말을 요약하며, 나아가 상대의 말에 공감해주면 닫혀 있던 마음의 문이 열리며 상대의 시야를 살짝 트이게 해줄 수 있다.

관계를 설정하고 큰 그림을 그리자

사람들은 누군가와 대화할 때 자신이 전하고자 하는 것을 명확하게 인지하고 말을 할까? 아마 대부분 그렇지 않을 것이다. 상대도 마찬가지다. 누군가와 대화를 할 때 큰 그림을 그린다는 것은 상대와 나의 니즈, 즉 서로가 필요로 하는 것을 간파한다는 의미다. 결론부터 말하자면 나의 필요 그리고 상대의 필요를 찾을 수 있다면 그 순간부터 대화의 주도권은 내가 갖게 된다.

상대의 의도를 파악하기 위해 관심을 가져야 할 것은 바로 관계를 설정하는 것이다. 사람과 사람 사이에는 여러 가지 관계가 있다. 부모와 자식의 관계, 상사와 부하직원의 관계, 스승과 제자의 관계, 단순한 친구 관계라고 해도 조언을 해주는 사람과 들으려는 사람이 있다. 그리고 이러한 관계는 매일 상황에 따라 수없이 바뀌게 마련이다.

사실 상대에 대해 정확하게 아는 것은 불가능할지 모른다. 하지만 서로가 어떠한 이해관계에 있는가를 생각해보면 조금은 실마리가 풀린다. 우리는 누군가를 바라볼 때 상사, 동료, 부모, 친구 등의 어떠한 역할로 본다. 어떤 사람을 바라볼 때에는 자신의 이해관계를 통해서만 보는 것이다. 또한 내가 하는 말이 나의 가치관에서 나오듯 상대의 말도 상대의 가치관에서 나온다. 바로 거기서 시작해보는 것이다.

알고 있지만 늘 잊고 있는 서로의 관계를 설정하면 의도를 파악할 수 있다. 이제 우리가 대화에서 찾아야 할 것은 이 대화 상황에 놓여 있는 우리의 관계다. 그래야 상대가 왜 그런 말을 하는지를 파악하고 상황에 따른 나의 역할_{캐릭터}을 찾아낼 수 있다.

상대가 어떤 사람인가를 알려면 일단 들어야 한다는 이야기를 앞에서 계속 해왔다. 예의와 매너를 지키면서 적절한 반응을 해주며 경청하자.

이때 상대가 쓰는 단어나 문장을 유심히 듣고 질문을 하며 어떤 '말'에 반응하는지를 살핀다. 상대가 쓰는 말을 듣다 보면 이 사람이 이성적인 것에 반응하는지, 감성적인 것에 반응하는지를 알 수 있다. 이성이 발달하면 감정보다 이해를 원한다. 필자의 경우 대화를 할 때 그 상황에 대한 이유를 찾으려 하고, 두괄식으로 결론부터 말하려 한다. 내가 정리가 안 되면 상대에게 나의 의도가 전혀 전달될 수 없다는 생각에 강의를 하듯 정리해서 전달하려는 습관이 있다. 감성보다 이성이 앞서는 전형적인 머리형 인간인 것이다. 이런 필자에게 누군가가 감성적으로만 이야기하면 거의 설득되지 않는다. 논리적인 생각을 하는 사람들은 '내 말의 포인트는', '내가 요즘에 느낀 것이', '다시 말하면' 등의 표현을 자주 쓴다. '멋지다', '너무', '굉장히'와 같은 감정 표현을 많이 쓴다면 감성적인 사람이라고 생각해도 좋다.

대화를 나눌 때 상대의 의도는 보통 두 가지 중 하나일 것이다.

첫째, 그냥 '말'이 하고 싶은 것이다.

둘째, 상대가 나에게 얻고 싶거나 원하는 무언가가 있는 것이다.

첫 번째 이유로 상대가 그냥 '말'이 하고 싶은 것이라면 공감적 경청과 반응을 해주는 것으로 충분하다.

두 번째로 상대가 나에게 얻고 싶은 것이 있어 그런 말을 꺼내는 것이라면 맥락적 경청, 즉 그 사람이 정확히 무엇을 바라는지 그 속뜻을 이해하려고 노력하면서 'Yes, but'과 같은 방법을 활용해 어떻게 타협점을 찾아나갈 것인지를 '우리'의 관계에서 결정할 수 있다.

예를 들어 면접관과는 관계 설정을 할 필요가 없는, 목적이 분명한 관계다. 면접관이 하는 질문은 그 의도가 '이 지원자가 우리 회사에 들어올 인재인가' 하는 뚜렷한 목적 아래 성격이나 기질, 능력을 파악하려는 구체적인 목표를 가진 질문들이다. 모든 질문을 그 관점에서 바라본다면 내가 어떤 대답을 해야 하는지에 대해 접근하기가 쉬울 것이다. 내가 면접관이라면 어떤 대답에 마음이 갈 것인지를 생각해봐야 하는 것이다. 명확한 목표가 있으므로 준비를 최대한 많이 하는 것이 솔루션이다.

실제 대화를 하면서 의도를 파악하기란 분명 쉬운 일이 아니지만 대화를 하며 반드시 '눈'을 바라보라고 이야기하고 싶다. 눈에는 여러 가지 감정이 있다. 눈동자가 어떻고 하는 과학적인 사실들을 모른다 하더라도 눈을 바라보면 그 사람의 표정을 느낄 수 있다. 상대가 하는 말과 행동을 유심히 살펴보고 한발 멀리 떨어져 그 상황을 바라보자. 한 발짝 늦게 움직이다 보면 그에 맞춰 나의 말투와 행동을 결정할 수 있다.

이것은 말하는 '나'에게도 적용할 수 있다. 누군가와 대화를 할 때 필자는 이 사람과 어떤 관계에서 이야기를 하는지, 그렇다면 나의 의도는 무엇인지를 먼저 생각해보곤 한다.

이러한 과정에 대해 필자는 사람들에게 종종 "그림을 그린다고 생각해보세요"라고 조언하곤 한다. 니즈를 찾기 위한 방법론으로 내가 그림을 그리는 화가라고 생각해보는 것이다. 화가가 붓을 들어 마지막 붓질을 끝내고 그림을 완성하기까지는 일정한 시간이 필요하지만, 이미 화가의 머릿속에는 완성된 그림이 어느 정도 새겨져 있게 마련이다. 어떤 그림을 그릴 것인지 이미 결정되어 있는 것이다. 다만 아직 캔버스에 그려지지 않았을 뿐이다. 이를테면 숲속에 있는 작고 아름다운 집을 그린다고 생각해보자. 내가 하고자 하는 말의 니즈를 잘 모르겠다면 집이 아니라 집이 위치한 배경부터 그려나가는 것이 좋다. 즉, 전체부터 말하다 보면 내가 원하는 것이 무엇인지 감이 잡히기 시작한다.

내가 전하려고 하는 핵심 내용을 모두 알고 말을 하는 것이 아니라 말을 하면서 알게 되는 경우가 많다. 그리고 이것은 나뿐만 아니라 상대방도 마찬가지다.

배경부터 그림을 그리듯 말하기 시작하면 전체 내용을 생각하면서 핵심적인 부분과 그것을 보충하는 부수적인 부분의 비중을 조절하는 것도 가능하다는 실용적인 이익이 있다. 말을 할 수 있는 기회는 대부분의 경우 내가 임의로 늘였다 줄였다 하기가 어렵다. 내가 마냥 하고 싶은 말을 무한정으로 할 수는 없다. 화가가 전체 이미지를 이미 머릿속에 넣어둔 상태에서 그림을 그려나가는 것처럼 내가 하고자 하는 말의 전체를 머릿속에 담아둔 다음 배경이 되는 부분부터 말해가기 시작하면 상대방의 반응을 보면서 그것을 가감하는 것도 가능하다. 따라서 핵심적인 내용을 제대로 전달하지 못하고 시간을 허비하는 일을 피할 수 있다.

필자는 사람들과 중요한 대화를 하기 전에 운전을 하고 가면서 그 사람과 나눌 대화를 떠오르는 대로 미리 말해보곤 한다. 이는 배경을 그리는 단계다. 말을 계속 이어나가다 보면 필자가 하고 싶은 말이 무언지 윤곽이 드러나곤 한다. 어느 정도 윤곽이 잡히면 그것으로 집을 그린 다음 그 이야기를 꺼낼 수 있는 주변 이야기들을 정리한다. 나무도 그리고, 꽃도 그리는 단계다. 이렇게 하면 쓸데없는 이야기는 줄이면서 나의 니즈를 파악할 수 있다. 상대의 니즈를 파악할 때도 마찬가지로 그림을 그리듯 하면 된다. 상대의 의식 흐름에 따라 전체 그림을 보고 그의 포커스를 찾으면 무슨 말을 할지 선택할 수 있다. 관계를 설정하고 상대의 눈을 보며 의도를 파악하자.

타인과 대화를 할 때에는 상대의 말에 매몰되지 않고 상대의 의도를 읽어야 한다. 그러기 위해서는 한 발짝 뒤로 물러나 조금 다른 포커스로 바라봐야 한다. 상대방이 말하려는 의도를 파악하지 못하고, 단순히 그의 말 자체에만 집중하면 상대의 마음에 공감하기가 어렵다.

공감적 경청에서 한발 나아가 공감적 반응을 해보자. '공감적 반응'은 상대의 말에 충분히 귀 기울이고 그 말을 자신의 말로 요약해 다시 반복하는 것을 말한다. 단지 상대의 말을 요약해 옮기는 것뿐이라도 문제 상황에서 대화를 지속하고 당사자가 스스로 해결책을 찾아나가도록 하는 데 효과적이다. 거기서 상대의 시야를 조금만 트여줄 수 있다면 말하기의 고수라고 할 수 있다.

대화하는 상대와 관계를 설정하고 눈을 보며 의도를 파악하자. 그냥 말하고 싶은 것인지, 원하는 것이 있는지 말이다. 말하려는 내용 전체를 하나의 큰 그림으로 그려 머릿속에 넣어두고 대화에 임해보자. 내가 이렇게 하겠다고 마음먹는 것만으로도 이전과는 다른 관점으로 상대와 이야기할 수 있을 것이다.

이때 먼저 그림의 배경부터 그려나가는 것이 좋다. 그 이유는 전하려는 말의 전체 내용을 생각해보면서 핵심적인 부분과 그것을 보충하는 부수적인 부분의 비중을 조절하는 것이 가능하기 때문이다. 전체 내용이 머릿속에 들어 있으면 불필요한 갈등으로 대화 전체를 망치는 불상사를 충분히 막을 수 있다.

🔊 손 아나의 꿀팁!

상대의 의도를 파악하기 위해 눈을 보는 것 외에 생각해야 할 것은 그 사람의 '행동'을 보는 것이다. 사람이 말로는 쉽게 거짓말을 할 수 있어도 행동으로는 일관되기가 쉽지 않다. 예를 들어 말로는 "당신을 많이 사랑한다"고 하지만 약속도 잘 잊고 본인 편한 대로만 행동하려 한다면 그건 말과 행동이 일치하지 않는 것이다. 이러한 '말'에 가려 '행동'을 보지 못해 상대에 대해 정확히 판단하지 못하고 갈등이 생기는 경우가 많다. '말속에 가려진 진짜 의도를 보려면 '일관된 행동'을 보면 된다.

5강 2장
말하기의 신스틸러,
캐릭터를 잡아라

여러분이 연출가로서 연극 한 편을 무대에 올려야 한다면 어떨까? 연극 무대에 서는 배우로서 필자는 적당히 각색만 한다면 한 사람의 인생도 얼마든지 연극의 소재가 될 수 있다고 생각한다. 우리의 삶 자체가 영화이고, 연극이다. 자신의 인생을 연극 무대라고 생각하고 관객을 어느 정도 예상하면서 배우로서의 역할을 생각해보자. 처음에는 어색할 수도 있지만 인생을 살아가는 사람이라면 누구나 할 수 있는 일이다.

우리 모두가 인생이라는 연극에서 주연 배우가 될 수 있다면 구체적으로 배우란 어떤 사람을 말하는 것일까? 먼저 배우의 사전적 의미는 '희곡 안의 인물을 연기하는 사람'으로 정의할 수 있다. 또한 감정을 표현해 공감을 이끌어내는 기술자라고도 할 수 있다. 예전에는 무대 위의 배우만이 연기를 했다면 근래에는 관객들이 간접적인 배우의 역할을 맡아 무대 위의 배우와 말을 주고받기도 한다.

공연장에서 관객들이 간접 배우의 역할을 하듯이 일상생활에서도 우리는 이런저런 연기를 한다. 면접을 볼 때에는 이 회사에서 최대한의 역량을 끌어내 잘해낼 수 있다고 연기를 하고, 누군가에게 사과를 할 때에는 두 번 다시 그런 실수를 반복하지 않겠다고 연기를 한다. 이런 예에 공감하는 사람들도 있고 그렇지 않은 사람들도 있겠지만 우리네 삶이 느끼는 대로, 혹은 감정대로 살 수 없다는 것을 생각해보면 삶의 많은 부분에서 우리가 연기를 하고 있다는 말이 틀린 것은 아니다. 다시 말해 우리는 인생이라는 제목의 연극에서 주연을 맡은 배우인 것이다.

필자가 연극 무대에 서면서 알게 된 것 중 하나는 연기란 것이 결코 나에게 없는 것을 표현하는 일이 아니라는 것이다. 못된 연기를 할 때에는 내 안의 악을 끌어내고, 선한 연기를 할 때에는 내 안의 선을 극대화한다는 것을 무대에 서면서 깨달았다.

그렇다면 인생이라는 연극 무대에서 주연 배우를 맡은 우리 모두에게 말은 어떤 것이어야 할까? 배우가 무대에 서기 위해 대사를 분석하고 표현해내는 것처럼 우리 모두가 살아가면서 하는 '말'에도 그 정도의 중요성이 부과되어 있지 않을까? 배우가 혼신의 힘을 다해 연기를 하듯이 우리도 그렇게 말을 한다면 세상의 많은 갈등이 해결될 수 있을 것이다.

필자는 인생을 살면서 아나운서와 강사를 연기하고, 연극 속 캐릭터를 연기하고 있다. 그리고 그 모든 것이 내 모습의 일부라는 것을 잘 알고 있다. 그렇게 주어진 역할을 연기하기 위해 많은 연습을 하며 지금도 최선의 노력을 기울이고 있다. 이 책을 읽는 여러분에게 인생이라는 무대

214

에 서기 전 얼마나 연습을 하고 준비를 하는지 묻는다면 마냥 생소하게만 느껴질까? 연기를 하듯이 말을 하고, 배우가 무대에 서기 전에 만반의 준비를 하듯이 말하기 전에 먼저 대비를 한다면 우리의 대화는 좀 더 품격 있게 이루어지고 삶의 질 또한 높아질 것을 확신한다.

여러분이 지금 짧은 연극 한 편에 출연하는 배우이자 연출가라고 생각해보자. 내가 어떤 장소, 어떤 상황에서 하려고 하는 말을 연극의 대사라고 생각하고, 내가 그 무대에 올라 연기를 하는 배우라고 생각해보는 것이다. 비록 주연이 아닐지라도 무대 전체를 한눈에 파악하고 있고, 연극 전체의 흐름을 알고 있다면 내가 하는 대사에 조금이라도 힘을 더 줄 방안이 생길 수 있다. 대화를 할 때 말을 위한 작은 무대에 등장인물과 배경, 그 무대에 오르는 인물들 간의 구도를 염두에 두면서 대사를 주고받는다고 생각해보면 여러모로 도움이 된다.

자신의 캐릭터를 배우처럼 연기하라

여기서 생각해볼 것은 '캐릭터'에 대한 것이다. 캐릭터란 개성이나 성격을 나타내는 상징적인 이미지다. 개성적이고 매력적인 캐릭터를 가진 인물은 주변 사람들의 관심을 끈다.

관계를 설정하고 의도를 파악하는 동시에 본인의 캐릭터를 생각해야 한다. 상대에게 어떤 사람으로 보이고 싶은지가 설정되어야 어떤 사람으로 연기할 것인지가 결정된다. 상대를 알고 나를 알고 어느 정도 관계와 의도가 파악됐다면 이제 내가 정한 캐릭터를 여배우처럼 연기해야 한다. 단체에서는 서열을 파악해 본인의 캐릭터를 정할 수 있고 대화하는 상대가 머리형인지, 가슴형인지, 행동형인지에 따라 본인의 캐릭터를 정할 수 있다. 어떻게 연기할지는 이 책에 나오는 비언어나 경청과 질문법 등을 활용하도록 한다.

상황에 맞춰 본인의 캐릭터를 잡는 몇 가지 팁이 있다.

캐릭터는 낮게 잡는 것이 좋다

관계가 어떠하든 상대보다 위에 있다는 생각을 버리고, 상대를 존중하는 자세로 본인의 캐릭터를 낮춰야 한다. 이것은 단점을 어필하라는 것도, 비굴하게 굴라는 의미도 아니다. 본인의 단점을 유머로 인정하는 모습은 오히려 좋게 보일 수 있다.

캐릭터를 낮게 잡으면 상대를 편안하게 해줄 수 있는 장점이 있다. 필자도 상황에 따라 굳이 나의 직업을 말하지 않아도 된다면 먼저 나서서 아나운서라고 이야기하지 않는다. 아나운서라는 직업 자체에 선입견을 가질 수 있기 때문이다. 대화를 하다가 굳이 필요하지도 않은데 본인의 출신 학교를 이야기하는 사람들이 종종 있다. '내가 이런 학교를 나왔다'라는 것을 어필하고 싶어 하는 것인데, 그러한 의도가 파악되는 순간 약간의 거부감이 생기기도 한다.

본인의 캐릭터를 낮게 잡으면 상대는 마음을 편안하게 가지게 되고, 나는 그 사람의 이야기를 듣고 그림을 그릴 수 있는 여유가 생긴다. 반대로 캐릭터를 높게 잡아야 할 때도 물론 존재한다. 가령 나를 어필해야 하는 자기소개 자리라든가, 본인의 신뢰도를 높여야 하는 상황 등이 있다. 의도했지만 의도하지 않은 것처럼 문장 속에 전문성을 드러낼 수 있는 단어를 추가하거나 경력에 대한 경험을 자연스럽게 이야기하는 방법도 있다. 주의해야 할 것은 본인은 그러한 모습이 아닌데 실제보다 높게 스스로의 캐릭터를 과장되게 잡는 것이다. 이러한 모습은 대화 속에서 상대에게 간파되어 신뢰를 잃기 쉬우므로 피하는 것이 좋다.

캐릭터를 잡았다면 일관되게 행동하자

본인의 캐릭터를 잡았다면 일단 그 대화 상황에서는 일관되게 유지하자. 그래야 반전의 모습을 보이는 순간이나 예상을 뛰어넘는 재치도 매력으로 자리 잡는다. 캐릭터는 자신을 객관적으로 바라봐야 파악이 가능하다. 사람들을 만나 질문을 해보면 본인의 장단점에 대해 명확히 알고 있는 사람이 의외로 많지 않다. 그리고 본인이 생각하는 장단점과 타인이 생각하는 장단점이 전혀 다를 수도 있다. 평소 다른 사람의 말을 경청하지 않는다고 생각했던 사람이 스스로 공감 능력이 뛰어나다고 말하는 것을 보고 놀란 적이 있다.

스스로의 장단점을 파악했다면 되도록 장점 위주로 캐릭터를 잡아야 한다. 본인에게 거의 없는 모습을 캐릭터로 부각하려면 표현하기도 어렵고, 일관되게 유지하기도 쉽지가 않다. 예를 들어 평소 신중하게 행동하는 사람이 쿨한 척 연기하려면 너무 많은 에너지가 소모되는 것이다. 자신의 장점을 찾아 캐릭터에 녹여내보자.

뛰어넘기와 붙잡기 기법

대화 중에 상대의 의도에 반응하고 싶지 않다면 그 말에는 반응하지 않고 다른 말에 반응하면서 대화를 이어가는 방법이 있다. 한마디로 '뛰어넘기' 기법이다. 반응하지 않는다는 것은 무시가 아니며, 반응에 차이를 둔다는 의미다. 한편 상대의 마음에 공감하기 위해서 그의 말을 다시 한 번 정리한다든지, 받고 싶은 질문을 해준다든지 하는 것은 '붙잡기' 기법이다. 상대가 듣고 싶어 하는 말을 해주는 것은 설득의 기본이다.

애드립과 메소드로 몰입하기

흥미로운 예를 하나 들어볼까 한다. 몇 해 전 개봉했던 〈범죄와의 전쟁: 나쁜 놈들 전성시대〉라는 영화에는 기라성 같은 배우들이 많이 나왔는데, 조연이지만 관객들의 머릿속에 깊게 각인된 주연 같은 조연배우도 몇 명 등장했다. 그중 한 명이 이제는 내로라하는 배우로 인정받고 있는 조진웅이다. 이 영화에서는 조폭 두목 김판호라는 캐릭터로 등장을 했다. 처음에는 세관공무원 출신 반건달 사업가인 최익현^{최민식 분}과 세력이 가장 큰 폭력조직을 이끌고 있는 조폭 두목 최형배^{하정우 분}의 연합 세력과 맞서다가 나중에는 최익현과 손을 잡고 음모를 꾸미는 역할을 연기했다.

이 영화에서 흥미로운 장면이 하나 있다. 최익현이라는 캐릭터를 연기했던 최민식은 한 TV 영화 소개 프로그램에 출연해서 에피소드 중에 감독과도 미리 상의하지 않은 자기만의 즉석 설정 장면이 있었다고 밝혔다. 그 내용을 간단히 설명하면 다음과 같다.

먼 친척의 인연으로 동업을 했던 최익현과 최형배의 사이를 김판호가 파고들면서 두 사람 사이가 벌어지기 시작한다. 최익현이 자신의 경쟁자인 김판호와 어울리는 것을 알게 된 최형배는 그것을 탐탁치 않게 생각하다가 따끔하게 혼을 내주면서 경고를 한다. 그런데 원래는 최형배에게 얻어맞은 최익현이 김판호와 대화를 하는 단순한 설정이었는데, 최민식이라는 배우가 문득 잘못을 저질렀다가 아빠에게 혼이 나서 엄마 품에 안겨 우는 꼬마 아이를 떠올리고는 즉석에서 조진웅의 품에 안겨서 흐느껴 우는 장면을 연기했던 것이다. 그런 배경을 전혀 모르고 영화를 봤을 때에는 그저 '서러워서 김판호를 붙잡고 우는구나'라고만 생각을 했었다. 그런데 최민식의 갑작스러운 연기를 조진웅이라는 배우 역시 능청맞게 잘 받아치며 즉석에서 합을 맞춰서 탄생한 장면이라는 것이 놀라웠다.

그 이야기를 들으면서 '역시 작품 전체를 꿰고 있으면 저렇게 시나리오에도 없고, 감독도 생각지 못한 장면을 만들어내는 것이 가능하구나' 하는 생각을 했다. 결국 이런 장면들을 통해 조진웅이라는 배우가 무명 시절 동안 쌓아왔던 연기 실력이 폭발적으로 터져나올 수 있었던 것이다. 그는 당초에 비중이 조금 더 있는 조연에 불과했지만 영화가 개봉되고 나서는 주연에 전혀 밀리지 않는 화제의 주인공이 될 수 있었다.

주연이 아닌 조연, 잠시 지나가는 엑스트라 정도밖에 비중이 없는 상황이라 하더라도 내가 작품 전체의 흐름과 본인의 캐릭터를 정확하게 파악하고 있다면 짧게 등장하더라도 관객들에게 강렬한 인상을 심어주는 것이 가능하다.

말을 하려고 할 때 전체적인 상황을 머릿속에 담고 있으면 현재의 위치를 정확하게 파악하는 것이 가능해 단기적으로 현재의 상황을 늘렸다 당겼다 할 수 있다. 이것을 연극이나 영화에서는 '애드립'이라고 말하는데, 우리가 익히 잘 알고 있는 임기응변을 뜻한다. 이 애드립은 본인의 캐릭터에 충실할 때 원활하게 표현할 수 있다.

보통 애드립은 난데없는 말 한마디로 사람들을 포복절도하게 만드는 말로만 생각한다. 그런데 이 애드립을 잘 활용하면 상황을 반전시키거나 급격하게 고조되고 있는 갈등을 순간적으로 누그러뜨릴 수 있다. 애드립을 잘 활용하기 위해서는 반드시 전체 구도를 알고 있어야만 한다. 그저 단순히 재미있는 말장난과 같은 언어유희를 위해 애드립을 하다 보면 '썰렁하다'는 소리를 듣기 십상이다.

애드립은 상당히 높은 수준의 인지 능력을 필요로 한다. 왜냐하면 애드립이 중요한 내용에 무언가 효과를 주는 역할을 하기 때문이다. 그래서 애드립만으로 이루어지는 말은 흔히 '약하다'고 표현한다. 애드립은 상황을 살릴 수도 있지만, 반대로 분위기를 썰렁하게 만들며 상황을 죽일 수도 있는 양날의 검과 같다.

주위에서 "눈치가 좀 없다"는 이야기를 듣는 사람들을 유심히 살펴보면 상황에 맞지 않는 말을 많이 한다는 것을 알 수 있다. "난데없이 그게 무슨 소리야, 분위기 파악도 못하고"라는 핀잔을 받는 사람들은 전체적인 상황과 흐름을 고려하지 않고 말을 하는 경향이 있다. 역으로 대화가 흘러가는 상황을 정확하게 알고, 제대로 이해하며 애드립을 하면 분위기를 단박에 바꾸거나 "참 센스 만점이다"라는 평판을 받을 수 있다.

말하는 것을 한 편의 연극으로 생각했을 때 애드립만큼이나 중요한 것이 바로 '메소드 연기'다. 이제 막 연기라는 것에 대해 배우고 조금씩 그 맛을 알아가고 있는 필자가 제일 어려움을 느끼는 것이 바로 리액션이다. 상대방이 대사를 하고 있을 때 내가 어떻게 반응을 해야 할지, 손은 또 어디에 둬야 할지 하나하나 모르겠어서 자신감이 확 떨어지는 경험을 하기도 했다. 이러한 상황은 실제 대화에서도 종종 마주한다.

극단 연출가분에게 여쭈어보니 그건 결국 필자가 몰입을 제대로 못했기 때문에 생기는 현상이라고 했다. 분명 내가 연기를 하는 배우가 아니라 실제 그 상황에서 상대방의 이야기에 분노를 하거나 격하게 공감을 하는 사람이 되면 내 몸이 저절로 반응할 것이다. 연기를 잘하는 배우들을 보면 완전히 작품 속의 그 캐릭터 자체가 돼서 연기를 하는 것을 볼 수 있다. 말 그대로 그 사람이 되어버리는 것이다. 종종 '빙의'라는 단어로도 사용되는 '메소드 연기'를 짐작해볼 수 있다.

〈꽃보다 누나〉라는 예능 프로그램에서 함께 여행을 떠났던 다섯 명의 배우가 한 방에 모여서 '연기란 무엇일까'에 대해 이런저런 이야기를 나누다가 가장 후배인 이승기가 "누나는 어떻게 빙의된 것처럼 연기를 하세요?"라고 질문하자 김희애가 "자꾸 빙의된 척 연기를 하다 보면 어느 순간엔가 그렇게 돼"라고 담담하게 이야기를 건네는 장면을 본 적이 있다. 사람들 입에서 자주 회자되는 영화나 연극의 명대사들 중에도 연기에 완전히 몰입된 상태에서 탄생한 것들이 적지 않다. 배우들이 자신의 캐릭터에 완전히 몰입해 이렇게 메소드 연기로 포효하듯 내뱉은 말들은 보는 사람들의 가슴에 깊게 와서 박히기 때문이다.

종종 "했던 말을 자꾸 되풀이해서 문제"라고 하소연하는 사람들이 있는데 전체 내용을 머릿속에 넣고 상황에 몰입해 이야기하는 연습을 하다 보면 했던 말을 또 하거나, 같은 말을 반복하는 습관이 저절로 사라진다. 이렇게 철저하게 연습하는 동안 대사를 완벽하게 외울 수 있고, 전체 상황이 머릿속에 들어오며 대사를 하는 목소리의 톤까지도 가다듬을 수 있다. 그러면 가장 먼저 그것을 보는 사람들이 알아차리게 된다.

대화를 한 편의 연극이라고 생각하면 좋은 점이 또 있다. 내가 대화의 주도권을 갖지 못하는 상황이라고 하더라도 특정한 순간, 어떠한 장면에서만큼은 내가 그 순간을 장악하는 것이 가능하기 때문이다. 영화 소개 등에서도 자주 볼 수 있는 '신스틸러scene stealer'라는 용어가 그러한 사실을 뒷받침해준다.

신스틸러라는 것은 자신의 연기 역량을 정확한 타이밍에 맞춰 한 번에 쏟아부을 때에만 가능하다는 것을 명심해야 한다. 상대방과 나누려는 대화의 내용 전체를 머릿속에 담고 있기는 하지만 '내가 이런 연기를 하면 신스틸러가 될 수 있겠지?'라는 생각에만 몰두하다 보면 적절한 타이밍을 놓치는 일이 벌어지게 된다. 이를테면 요즘 젊은 네티즌들이 빈번하게 사용하는 용어 '드립'으로 빗대어보면 '애드립 치려고 했다 개드립 된 난감하고 뻘쭘한 상황'이 되는 것이다. 그래서 특정한 순간에 나의 모든 것을 쏟아붓는 연기에는 아주 공을 들여야만 한다. 자칫 잘못하면 "분위기 파악 못하고 함부로 말한다"는 소리를 듣기 십상이기 때문이다. 영화 〈타짜〉에서도 이런 대사가 나온다. "확실하지 않으면 승부를 보지 마라, 이런 거 안 배웠어?"

본인의 캐릭터에 몰입해보자. 그러면 자신감도 생기고 나의 몸에서 소위 '포스'라는 게 흘러나오기 시작한다. 그 결과 내가 '을'의 입장이고 '엑스트라'라고 하더라도 특정한 순간, 모든 사람들의 뇌리에서 잊히지 않는 신스틸러가 될 수 있다.

☞ 롤모델을 찾아라

마이클 케인이 쓴 《명배우의 연기 수업》이라는 책을 보면 이런 문구가 나온다.

"한 인물이 되고자 한다면 무조건 훔치십시오. 보이는 것은 무엇이건 훔치세요. 다른 배우가 만들어놓은 인물 중에서라도 가능하다면 훔치세요. 그러나 그럴 경우에는 최고만을 훔치셔야 합니다."

이것이 비단 연기를 하는 배우에게만 국한되는 조언은 아니다. 말을 잘하는 사람을 유심히 살펴보자. TV에 나오는 사람, 유튜브에서 만날 수 있는 강사들, 그리고 주변에서 말을 잘하는 이들을 유심히 관찰해보자. 아나운서에게서는 똑 부러지는 말투와 바른 자세를, 목소리가 좋은 배우에게서는 말하는 톤이나 느낌을, 이야기를 재미있게 하는 강사들에게서는 관객이 웃음을 터뜨리는 타이밍을 배울 수 있을 것이다.

필자의 경우에는 명MC 유재석이 어떻게 진행하는지 잘 살펴보곤 한다. 그가 큰 그림을 보는 진행자라고 인정하는 이유는 프로그램의 목적을 제대로 알고 전체를 보고 있다는 생각이 들기 때문이다. 예를 들어 그는 주목받지 못하고 있는 패널들에게 장난을 치거나 말을 걸어 대화에 참여하게 해주고, 이야기를 잘 듣고 있다가 적절한 타이밍에 알맞은 애드립을 던져준다. 그러면서도 프로그램의 시작과 끝을 정확하게 꿰뚫고 있어 깔끔하게 하나의 그림이 완성된다.

연극 무대에 오르면서 느낀 것은 대사가 많든 적든 나의 캐릭터 안에 빠져 있어야 한다는 것이다. 1막에 2막이 더해지면서 캐릭터가 쌓여야 결정적인 순간에 메시지나 웃음을 줄 수 있는 것이다. 필자는 주변 배우들의 세부적인 부분이나 실제적인 것들을 모방하고 있다. 그것을 나라는 사람이 표현할 수 있는 부분과 연결시키면서 말이다.

말을 잘하고 싶다면 주변의 말을 잘하는 사람을 보고 따라 하자. 언제나 깔끔한 의상을 입고 얼굴에 웃음을 띠는 사람, 항상 눈을 바라보며 리액션을 잘해주는 사람, 이야기를 잘 들어주는 사람, 의외의 말로 분위기를 살리는 사람 모두 우리의 선생님이 될 수 있다.

마찬가지로 말 못하는 사람도 우리의 선생님이 될 수 있다. 삶을 살아가다 보면 우리에게 상처 주는 사람들의 말을 무방비 상태에서 듣곤 한다. 답을 정해놓고 말하는 사람, 비난하고 비판만 하는 사람, 듣지 않고 본인말만 하는 사람 등등의 모습에서도 우리는 배울 점이 있다. "저렇게 말하면 안 되는 거구나" 하고 말이다.

인생을 한 편의 연극이라고 생각한다면 우리는 누구나 주연 배우가 될 수 있다. 보통 연기라고 하면 배역을 맡은 배우가 관객 앞에서 캐릭터를 표현하는 행위라는 인식이 강하지만 따지고 보면 우리 또한 일상생활에서 크고 작은 연기를 하고 있다. 이를테면 직장에서 영업사원으로 일하는 사람이 제품에 대해 설명할 때 소비자에게 신뢰를 주기 위해 표정과 말투 등을 조절하는데 이 역시 연기라고 할 수 있다. 또한 자녀를 키우는 학부모가 담임교사를 만날 때 보이는 언행 및 자세 등도 일종의 연기에 해당된다. 이처럼 우리는 여러 가지 상황에 따라 일상에서 다양한 모습을 연출하며 살아가고 있다. 그런 의미에서 우리 모두는 인생이라는 연극에서 하나뿐인 주연을 맡은 배우라고 할 수 있다.

크게 스피치와 커뮤니케이션 상황으로 나누었을 때 대화에서 관계를 설정하고 의도를 파악한 후 본인의 캐릭터를 잡아라. 스피치 상황에서도 전체 그림을 파악하고 맡은 캐릭터에 몰입하자.

무대에 오르는 배우는 자기 몫의 대사를 소화하기 위해 전체 대본을 외우고 소품, 조명, 음향 등에 대해서도 꿰뚫고 있어야 한다. 그래야 스태프 및 다른 배우들과 자연스럽게 동화되어 성공적으로 공연을 할 수 있는 것처럼 말하기 상황에 에너지를 쓰자.

만약 많은 사람들이 제대로 말하는 방법을 배우고, 머릿속에 떠오르는 대로 말하기 전에 준비를 한다면 세상에 존재하는 많은 갈등이 사라지고 우리의 삶의 질은 더욱 높아질 것이다.

주변의 말 잘하는 사람들은 모두가 나의 선생님이 될 수 있다. 지금 당장 롤모델을 찾아 따라 하려고 노력해보자.

🔊 손 아나의 꿀팁!

영화나 연극을 활용하자. 유명한 여성 정치인 대처 수상은 '철의 여인Iron Lady'라는 별명을 갖고 있었다. 당시 대처 수상의 연설 작성 담당관이었던 로널드 밀러는 대처 수상의 가장 유명한 연설을 쓰게 되는데, 그 연설의 제목이 '여인은 돌아서지 않는다The Lady's Not for Turning'였다. 대처에게 '철의 여인'이라는 별명을 안겨주게 된 이 연설에서 대처는 자신의 경제 개혁 정책을 결코 돌이키지 않을 것이라며 못 박아 말한다. 이 '여인은 돌아서지 않는다'는 연설은 당대에 큰 인기를 끌었던 유명한 연극 〈여인은 화형당하지 않는다The Lady's Not for Burning〉의 제목을 살짝 바꾼 것이었다. 우여곡절 끝에 마침내 자유의 몸이 된 내용을 유쾌하게 그려낸 이 연극의 제목을 대처 수상은 자신의 반대자들에게 보내는 통렬한 메시지로 승화시켜냈던 것이다.

우리는 모두
말하기 연출가

지금까지 우리가 해야 할 말하기에 대한 많은 상황을 살펴봤다. 말하는 상황에 따라 적절한 방법을 선택해 말 자체를 연출하는 말하기의 연출가가 되어보자.

준비할 수 있는 스피치인지, 대화하는 커뮤니케이션 상황인지에 따라서 신경 써야 하는 요소들이 달라질 수 있다. 본질은 같지만 우선순위가 다르다는 뜻이다. 스피치에서는 말하는 목적을 찾고, 본인의 역할을 준비하자. 대화에서는 말을 하는 사람과 듣는 사람의 관계가 어떠한지를 설정하고 상대의 의도를 파악하자. 본인의 캐릭터를 결정했다면 일관되게 행동해 애드립과 메소드 연기를 실행해보자. 이것을 요약한 것이 SCN 기법이다.

SCN 기법

- Situation상황: 본인이 해야 하는 스피치 또는 커뮤니케이션의 상황과 환경을 이해하라.
- Character캐릭터: 본인이 원하는 캐릭터를 설정하여 역할이나 성격, 특징을 연기하라.
- Nonsense의미 없는 말: 상대와 대화가 통하지 않는다면 그냥 들어주거나 거리를 두어라. 모든 사람과 대화가 잘 통할 수는 없다.

SCN 기법으로 연출하라

이 책을 읽는 독자들 모두 '말하기의 연출가'가 되길 바란다. 연출이란 작품의 분명한 목적과 목표를 중심으로 내용을 구성해 표현해내는 것을 말한다. 즉, 관객에게 어떠한 의도를 전달하는 행위가 바로 연출이다. 연출가는 작품의 존재 의미와 전달하고자 하는 메시지 등 철학적인 부분들을 다루며 동시에 모든 상황에 대한 결정권을 가진다. 따라서 판단과 결정에 따른 결과를 최종적으로 책임진다. 이런 측면에서 봤을 때 필자는 스피치와 커뮤니케이션 또한 예술의 한 종류라고 생각한다. 스피치도 어떤 목적을 정하고 내용을 구성해 상대에게 메시지를 전달하는 행위이고, 커뮤니케이션 또한 서로의 니즈를 적절히 타협하여 공동의 합의를 찾는 과정이기 때문이다.

필자가 행사를 진행할 때 가장 먼저 하는 것은 (행사 제목과 주관, 주최를 바탕으로) 그 행사의 목적을 찾는 일이다. 행사와 관련해 필자의 목표는 청중들과 소통 고리를 만들어 행사의 목적을 잘 전달하는 것이다. 따라서 행사가 열리는 장소는 어디인지, 관객은 어느 정도인지를 파악하고 머릿속으로 그 장면을 상상한다. 이때 가장 좋은 것은 직접 현장에 가서 사전답사를 하는 것이다.

만약 그것이 여의치 않다면 인터넷 검색을 통해 현장 분위기를 미리 파악한다. 행사를 진행해본 사람은 알겠지만 사전 준비를 하고 안 하고의 차이는 엄청나다. 상황은 정해져 있으니 최대한 많은 정보를 획득하고situation 행사를 진행하는 아나운서의 역할character에 몰입한다.

행사에 대한 기본적인 파악이 끝난 다음 정하는 것은 헤어스타일과 의상이다. 행사의 무대 배경 및 전체적인 색조에 맞춰 의상을 정하고 행사의 성격에 따라 스타일을 선정한다. 가령 의전행사와 같은 공식적인 무대에서는 깔끔한 정장 스타일을, 신나는 콘서트에서는 발랄한 의상을, 클래식한 음악회에서는 분위기에 맞는 롱드레스를 입고 헤어스타일과 메이크업 또한 의상에 어울리도록 스타일링 한다.겉모습

다음으로는 대본을 살펴본다. 행사 주최 측에서 보내준 대본이 있다고 하더라도 행사에 대해 미리 파악해둔 것을 토대로 나만의 대본을 따로 준비하고는 한다. 가령 한 팀의 공연이 끝난 뒤 다음 팀이 준비를 할 때 악기 세팅 시간이 길어질 것을 대비해 관객들이 이해하면 좋을 공연 작품과 관련된 에피소드 등을 추가한다. 이런 식으로 공백에 대한 준비를 해두면 급작스러운 상황에서도 당황하지 않을 수 있다. 아무리 프로라 하더라도 준비가 없다면 아마추어나 마찬가지다.풍성한 콘텐츠

대본 수정까지 마쳤으면 다음 순서는 리허설이다. 아나운서에게 기대하는 톤과 행사 성격에 맞는 강조법 등을 활용해^{목소리} 현장에서는 최대한 필자가 맡은 아나운서의 모습을 살려^{캐릭터} 제스처와 아이 컨택을 하고^{비언어} 현장 분위기에 맞춰 애드립을 한다.^{몰입} 애드립은 관객들의 반응이나 주변 상황을 관찰해 이를 활용한다.

또한 부득이한 경우를 제외하고는 행사 진행 실황을 동영상으로 촬영해놓고 종료 후 모니터를 한다. 모니터를 할 때 봐야 하는 주요 포인트는 비주얼적인 부분이나 불필요한 비언어 동작, 목소리 톤, 성량, 발음 등이다. 그리고 모니터를 할 때 '이런 상황에서 이런 멘트를 할걸' 하고 생각되는 부분도 멘트로 채워본다. 이렇게 체크한 부분은 당연히 다음 행사에 반영한다. 모니터야말로 경쟁력을 키워주는 소중한 자산이다. 만약 이미 끝난 행사라고 대수롭지 않게 생각하고 흘려버린다면 그 진행자에게 발전은 없다고 해도 과언이 아니다. 경쟁력을 키우는 것은 꾸준한 노력과 성실한 자세가 뒷받침될 때 가능하다는 것을 모니터를 하며 깨닫고는 한다.

이처럼 필자는 맡은 행사에서의 상황을 파악한 후 그 상황에 필요한 요소들을 선택하고, 아나운서 캐릭터를 살리는 것에 몰입하며 진행하고 있다. 이 모든 과정을 구성하고 책임진다는 연출가의 마음으로 말이다. 물론 필자가 무대에 서서 말을 하는 직업이기에 이렇게 준비를 해야 하는 것은 마땅하다. 하지만 여러분도 충분히 할 수 있다고 생각한다. 필자도 처음부터 아나운서로 태어나지는 않았다.

가령 여러분이 회사에서 프레젠테이션을 해야 한다고 생각해보자. 이 상황은 필자가 강의를 할 때와 크게 다르지 않다. 가장 먼저 프레젠테이션의 목적과 목표를 찾은 다음 목표에 맞는 주제를 선정한 뒤 발표할 장소와 이 발표를 들을 청중들을 분석한다. 청중들의 나이, 성별, 지식수준, 발표 자리에 앉아 있는 이유 등 많은 정보들을 모을수록 할 말이 선명해진다.

발표 자료를 구성할 때에는 주어진 시간 안에 서론, 본론, 결론을 어떻게 전달할지 OBC에 맞춰 PREP 및 스토리텔링을 적절히 배치한다. 역시 겉모습과 목소리가 중요하므로 리허설은 필수이며, 리허설을 할 때 유의해야 할 점은 실제로 말을 내뱉어야 한다는 점이다. 악기를 연주할 때 머릿속으로 상상하는 것은 연습이 될 수 없는 것처럼 리허설을 할 때에도 최대한 리얼하게 실제처럼 말로 내뱉어야 진정한 의미의 리허설이 될 수 있다. 그리고 반드시 본인이 발표 연습을 하는 모습을 녹화해서 모니터를 하도록 한다. 본인의 모습을 객관적으로 보고 장점과 단점을 파악해야 개선이 가능하다. 마치 아나운서가 된 것처럼, 명강사인 것처럼 자신의 캐릭터를 높여 연기를 한다고 생각해도 도움이 될 것이다. 물론 연기 연습은 필수이고 말이다.

면접처럼 목적이 확실한 상황에서 스피치를 해야 할 때에도 '최종 합격'이라는 목표를 생각한다면 면접관이 원하는 면접자의 캐릭터에 맞는 표정과 목소리를 연습할 수 있다. 나아가 면접 질문 예상리스트를 뽑아 PREP으로 답변하는 연습을 동영상으로 찍어 모니터를 한다면 어느

새 원하는 결과가 눈앞에 다가올 것이다.

이 책의 내용을 자유자재로 적용할 수 있는 단계에 좀 더 빨리 도달하고 싶다면 본인이 가장 부족하다고 느끼는 부분의 개선을 1순위에 놓고 연습해보자. 가장 취약한 부분이 조금씩이라도 나아지게 된다면 십중팔구 말하는 것에 자신감이 생길 것이고, 그 자신감은 여러분이 발전하는 데 가장 큰 동력으로 작용할 것이다.

"그런데 저는 정확히 어떤 부분이 가장 문제인지 모르겠어요."

아마 이런 고민을 갖고 있는 분들도 있을 것이다. 스스로의 모습을 휴대전화 동영상으로 찍어보는 것 외에도 주변의 친한 지인들에게 물어보는 것 또한 방법이 될 수 있다. 솔직하게 이야기해줄 수 있는 친한 사람들에게 말이다. 이를테면 말할 때 표정이 너무 어둡다든지, 같은 단어를 지나치게 반복해서 불편하다든지 하는 나도 모르는 습관을 발견해줄 수도 있다. 필자는 보통 스피치 코칭을 할 때 말하기 준비 과정에서 필요한 이미지와 보이스, 내용 구성 방법에 대한 실습을 한 뒤 학생 스스로 객관적인 상태를 모니터 할 수 있도록 도와준다. 언제까지나 필자가 옆에서 코칭을 해줄 수는 없으니 스스로가 자신의 스피치 코치가 되어주어야 하는 것이다.

마지막으로 해야 할 일이 있다. 바로 내가 선택한 말에 책임지는 일이다. 필자는 지난해 초 의미 있는 행사에 참여하게 되었다. 바로 평창 동계패럴림픽 '전국 장애인 하나 되기 페스티벌'의 조연출을 맡게 되었는데, 준비 과정만 두 달 이상이 걸린 큰 프로젝트였다. 그때 필자가 얼은 가장 큰 수확은, 연출자는 생각보다 많은 결정을 내려야 하는 자리라는 사실을 알게 된 것이었다. 그리고 그 결정에 대한 책임 역시 오롯이 연출자에게 있다는 것을 절감할 수 있었다. 말이 연출하는 것이라면, 말 역시도 책임지는 것이다. 자신의 말에 책임을 지는 사람은 입에서 나간 말을 어떻게든 지키려고 하는 사람이다. 그리고 그런 사람은 주변의 신뢰를 얻기 마련이다.

인생을 살아가면서 사람이 성취하고자 하는 목표는 여러 가지가 있지만 인격적인 존경은 쉽게 얻을 수 있는 것이 아니라고 생각한다. 그렇기 때문에 말을 하는 데 있어 신중해야 하고 그 말에 책임을 다하겠다는 마음가짐을 가져야 할 것이다.

🗨️모든 말하기는 예술이 될 수 있다

스피치에 나름의 공식과 체계가 있는 것처럼 우리가 일상에서 나누는 커뮤니케이션에도 공식과 체계가 존재한다. 대화에서도 SCN 기법을 적용해보자. 미리 준비할 수 있는 스피치에서는 비교적 상황 파악과 본인의 캐릭터 설정이 쉽지만, 대화에서는 이야기가 이미 시작된 이후 상황 파악과 캐릭터 설정을 동시다발적으로 구성해야 하기에 조금 더 자신과 상대에게 관심을 기울여야 한다.

지금 이 순간, 상대가 정말 원하는 것은 무엇일까. 어쩌면 갈등 상황에 있다고 하더라도 대화를 나누고 있는 우리는 같은 목표를 가지고 있을지도 모른다. '상대가 이러할 것이다'라는 특정한 프레임을 버리고 감정적인 대응을 멈춰야 한다. 먼저 상대의 말을 들으며 어떠한 포커스를 가지고 이야기를 하는 것인지 그림을 그려보자. 그러면서 서로의 관계를 설정하고 그의 의도를 파악하기 위해 눈을 바라보며 본인의 캐릭터를 생각해야 한다. 때로는 상대의 자존심을 높이기 위해 반대 의견이라도 인정하는 자세가 중요하다. 비언어와 멈춤을 사용해 상대의 말에 리액션도 해줘야 한다. 상대와 나 모두에게 좋은 대화가 되도록 노력해야 하는 것이다.

어떻게 그 많은 과정을 다 생각하면서 대화를 할 수 있는지 의문을 갖는 사람도 있을 것이다. 필자는 완벽하게 대화해야 한다고 말하는 것이 아니다. 이전보다 좀 더 원활한 대화를 위해 노력을 하자는 것이다. 이 책에 쓰여 있는 여러 가지 방법을 모두 사용하려고 하기보다 한 가지라도 적용해보려는 자세가 중요하다. 그것은 여러분이 늘 선택하던 말하기 방식에 변화를 주는 것이며, 그 작은 변화는 여러분의 태도를 바꿔줄 것이고 그 태도는 상대에게 영향을 미칠 것이다.

필자가 직접 적용해본 SCN 기법의 성공 사례를 공유할까 한다.

딸과 어머니의 대화에서는 갈등이 잦다. 어머니는 어머니의 말을 하고, 딸은 딸의 이야기를 한다. 필자도 마찬가지였다. 그런데 어느 날 당연하지만 의식하지 못했던 사실을 깨달았다. 필자의 어머니는 필자를 딸로서만 바라본다는 것이었다. 어머니에게 필자의 사회적인 위치는 크게 중요하지 않다. 아나운서로서, 강사로서, 배우로서, 또는 비즈니스 상대로서 필자를 바라보는 것이 아니라 오직 어머니의 딸로만 바라보는 프레임이 크기 때문에 서로 말하고자 하는 관점이 다를 때가 많은 것이 당연했다. 예를 들어 사회에 나가 성공하는 것도 중요하지만 결혼해서 아이를 낳아 키우기를 바라시는 마음에 결혼은 언제 할 것인지에 대한 문제로 대화를 나눈다고 치자. 이런 대화를 나눌 때에는 서로가 감정적으로 대응하기가 쉽다. 상대의 포커스에 맞추지 않고 본인의 포커스대로 이야기를 받아들이기 때문이다. 조금이라도 공격받는다는 마음이 들면 "누가 결혼 안 하고 싶어서 안 해요? 나도 요즘 힘들어요"라는 식의 방어기제가 튀어나온다. 그리고 감정적으로 대응하는 순간 이미 대화는 본질에서 벗어나 다툼으로 번지기가 쉽다. 이 문제를 어떻게 해결할 것인가에서 벗어나 서로의 자존심을 건드리고 상처를 주고받는다.

어머니는 필자를 딸로만 바라본다는 것을 의식하고 어머니의 말씀을 어머니의 마음으로 들으려 노력해본 적이 있다. 마치 연극을 할 때 연기 연습을 하듯 어머니가 되는 상상을 했다. 그리고 필자의 캐릭터를 정했다. 어머니가 원하시는 대로 해드리고 싶은 착한 딸, 하지만 커리어우먼의 나의 모습을 어필해 어머니의 포커스를 살짝만 트여주기로 한 것이다.

대화 상황: 어머니와 딸의 관계. 결혼은 언제 할 것인지에 대한 주제로 대화
필자의 캐릭터: 어머니의 말씀을 존중하는 착한 딸이지만 자랑스러워하서도 되는 커리어우먼

이렇게 상황과 캐릭터를 정하면서 일단 어머니께서 하시는 말씀을 경청하기로 했다. 필자의 입장에서 생각하면 잔소리로 여길 수도 있는 이야기이지만 어머니의 관점에서는 그렇게 말씀하시는 것이 당연했다. 필자는 비언어와 멈춤을 사용해 어머니에게 포커스를 맞추었다. 나와 반대되는 의견이라도 일단 어머니의 말씀을 인정하고 Yes, but을 활용했다. 리액션과 열린 질문법을 활용해 이야기를 듣다 보니 어머니가 진정 원하시는 건 옷차림이나 생활태도, 어떤 남자를 만날 것인지가 아닌 당신의 딸이 행복한 삶을 살기를 바라는 것이라는 니즈를 찾을 수 있었다.

부모님의 마음이야 늘 한결같지 않은가. 결혼에 대한 이야기도 결국 자신의 딸이 가정을 이뤄야 안정되고 행복할 것이라는 생각에서 나온 것일 테니 말이다. 결국 행복한 삶을 살고자 하는 필자와 어머니가 하시는 말씀의 목적은 같은 것이다. 그리고 우리의 목적이 같다는 이야기를 어머니에게 해드렸다. 어머니의 말씀을 존중하지만 자랑스러워해도 되는 커리어우먼으로서의 모습도 어필했다. 사회적으로 인정받는 필자의 사례들과 앞으로의 비전에 대해서 말이다. 결혼을 안 하는 것이 아니라 아직 인연이 나타나지 않았을 뿐이며, 나는 주도적으로 사는 지금의 삶에 행복을 느낀다고. 이렇게 재능 많게 키워주신 분이 어머니라는 칭찬도 잊지 않았다. 최선을 다해 반려자를 찾겠다는 다짐과 함께.

감정싸움으로 번지기 쉬웠던 어머니와의 대화가 훈훈하게 마무리되던 그날의 경험은 참으로 짜릿했다. 그 이후로 어머니와 원활하게 대화를 이어나가고 있다. 어머니와 딸의 관계, 우리 대화의 목적은 변할 일이 없기 때문이다. 만약 어머니께서 정말 받아들일 수 없는 말씀을 하신다면? 난센스nonsense. 그저 말씀을 들어드리면 될 뿐이다. 물론 우리 어머니께서도 이제는 필자의 이야기를 잘 경청해주신다. 감사드린다.

이렇게 대화를 하기까지 우리는 수많은 시행착오를 겪게 될 것이다. 말을 연출하는 마음으로 살아간다고 해서, 말에 대한 준비를 한다고 해서 갈등이 아예 사라지거나 상처를 받는 일이 없지도 않을 것이다. 때로는 상황과 캐릭터를 잘못 설정해 상대의 의도를 파악하지 못할 수도 있을 것이고, 애드립으로 한 말 한마디 때문에 오해를 받기도 할 것이다. 실수는 얼마든지 해도 괜찮다고 생각한다. 아나운서, 강사, 배우라는 3가지 직업으로 자리 잡기까지 필자 역시 셀 수 없이 많은 실수를 했다. 중요한 것은 변화하려고 노력하는 자신의 모습이다. 말을 잘하려면 노력하고 연습해야 한다고 했다. 지금 이 순간, 누군가를 떠올리며 다른 포커스로 바라보겠다고 마음먹는 것만으로도 이미 당신은 노력하고 있는 것이다. 그리고 그렇게 말을 연출하려는 노력은 여러분을 인생에서 주인공으로 만들어줄 것이다.

생각보다 많은 사람들이 대화를 할 때 문제의 해결책을 제시해야 한다는 부담감을 갖고 있다. 그런데 반드시 해결책을 제시할 필요는 없다는 것이 그동안의 경험을 토대로 필자가 내린 결론이다. 상대의 말에 진심으로 공감할 수 있다면 머물러 있는 상대방의 포커스를 조금 트여주는 것만으로도 우리의 역할은 충분하다.

"자신의 이야기를 들어주는 사람이 주위에 한 명만 있어도 스스로 목숨을 끊지 않는다"는 말을 들은 적이 있다. 이 말이 참 슬프면서도 아프게 들렸다. 말의 힘이 어느 정도인지 알게 해주는 말이기도 하다. 말을 잘하면 죽으려는 사람도 살릴 수 있다는데, 이는 우리가 말의 가치와 효과를 깨닫고 말 한마디의 무게를 절감해야 하는 이유이기도 하다.

우리는 모두 '말하기의 연출가'가 될 수 있다. 그리고 훌륭한 연출가일수록 의식 수준이 높다고 생각한다. 세상을 바라보는 눈을 조금 넓게 가져보면 어떨까. 인간이라면 피해갈 수 없는 죽음이라는 대명제 앞에서 당장 오늘 하루의 짜증이 얼마나 작은 것인지를 생각해본다면 마음가짐은 달라질 수 있다. 나의 포커스를 바꾸면 상대의 포커스도 이해할 수 있을지 모른다.

지도를 머릿속에, 리드하는 말의 비밀

여러분은 왜 말을 잘하고 싶은가? 이 책의 첫 장에서 필자가 했던 질문이다.

흔히 말을 잘하는 사람은 성공한다고 이야기한다. 그도 그럴 것이 리더라고 불리는 사람들은 대부분 말을 잘하는 것이 사실이다. 어떤 식으로든 말이다. 우리 주변에도 그러한 리더들이 존재한다. 여러분 자신이 리더일 수도 있다.

아프리카 어느 부족의 속담에 "빨리 가려면 혼자 가고, 멀리 가려면 함께 가라"는 말이 있다. 필자가 인정하는 진정한 리더는 '함께'와 '방향성'

을 인지하는 리더다. 기업, 모임, 혹은 조직의 리더라면 어떤 일을 행하거나 결정을 하는 행위가 자기 자신만을 위한 것이 아니라 국가의 모든 국민 혹은 자신의 지지자 또는 모임의 구성원과 사원 전체의 미래에 직접적인 영향을 주는 중차대한 것이기 때문이다. 리더가 방향을 잘 못 잡는다면 그를 따르는 많은 사람들이 그 피해를 고스란히 입고 말 것이다. 정치인들이 잘못된 방향으로 나라를 이끈다면 그 나라의 미래는 불투명할 수밖에 없는 것처럼 말이다.

리더의 말하기란 어떠한 것이어야 하는지에 대한 탁월한 견해를 소개할까 한다. 영국 보수당의 대중 연설문을 작성하는 일을 하면서 마가렛 대처 수상의 특별 고문으로 일했던 마이클 존 돕스는 미국 정치판의 음모와 술수를 다룬 정치 드라마 〈하우스 오브 카드House of Cards〉의 원작자다. 그는 어떻게 하면 정치 연설문을 잘 쓸 수 있는지에 대해 "연설문에서 마무리는 주춧돌과 같다. 연설문을 쓰기 전에 어떻게 끝내야 할지에 대해 반드시 알고 있어야 한다. 위대한 연설은 청중을 A라는 지점에서 B라는 지점으로 데리고 가는 것이다. B라는 지점으로 가기 위해 다양한 방법이 있을 수 있지만 목적지가 없다면 방법은 의미가 없다'라고 말했다.

누군가의 말이 가장 큰 영향력을 발휘하는 순간 그것을 듣는 사람들의 마음은 움직이게 되고 행동하게 만든다. 역사의 기록으로 남고, 사람들에게 두고두고 회자되는 위대한 연설이 바로 그런 말의 대표적인 사례인 것처럼 말이다.

결국 말이 영향력을 발휘하려면 전체 상황을 머릿속에 완벽하게 그려두고 말이 진행되는 과정을 자기가 원하는 방향으로 이끌어가야 한다는 것을 알 수 있다. 지도를 따라가면 보물이 숨겨져 있는 장소를 찾아낼 수 있는 보물지도처럼 말이다. 그리고 그 보물을 찾고 싶은 마음으로 많은 사람들이 앞다투어 지도 속의 장소로 달려가는 것처럼 훌륭한 말은 그것을 듣는 사람들을 리드하는 것이어야 한다. 그게 바로 진정한 리더의 역할이다.

여러분 모두가 '말하기의 연출가'가 되길 바란다. 연출의 본질은 분명한 목적과 목표를 중심으로 구체적인 내용을 구성해 그것을 표현해내는 행위이며, 이것은 많은 사람들이 일상적으로 하고 있는 스피치 및 대화에도 적용할 수 있다. SCN 기법을 떠올리며 준비해보자.

SCN 기법

- Situation상황: 본인이 해야 하는 스피치 또는 커뮤니케이션의 상황과 환경을 이해하라.
- Character캐릭터: 원하는 본인의 캐릭터를 설정하여 역할이나 성격, 특징을 연기하라.
- Nonsense의미 없는 말: 상대와 대화가 통하지 않는다면 그냥 들어주거나 거리를 두어라. 모든 사람과 대화가 잘 통할 수는 없다.

필자 또한 진행을 할 때 가장 먼저 행사의 목적을 찾고, 그 내용을 관객에게 잘 전달하기 위해 전체 상황을 파악한 후 전략을 세운다. 목적이 확실한 스피치를 할 경우 목표에 맞는 비언어와 구조화 스킬 등을 우선순위로 적용해 연습할 수 있다. 준비할 수 있는 스피치는 연습하는 만큼 용기가 생기기 마련이므로 자신감을 갖자.

커뮤니케이션을 할 때에도 경청의 법칙, 질문의 법칙에 따라 상대의 포커스를 파악해 전체 그림을 그리며 관계와 캐릭터를 설정해보자. 너무 잘하려는 강박보다는 한 가지라도 실천해보겠다는 마음가짐이 중요하다. 큰 그림을 그릴 수 있다면 듣는 사람들을 목적지로 이끌어가는 리더의 말하기도 할 수 있을 것이다.

🔊 손 아나의 꿀팁!

말의 영향력을 위한 4가지 법칙

음향 전문가인 줄리안 트레저 씨는 '말의 영향력을 위한 4가지 법칙'이라는 제목으로 한 TED 강연에서 HAIL의 법칙을 소개했다. 이 법칙을 따라 하면 사람들이 듣고 싶어 하는 말을 하는 것이 가능하다고 그는 말했다. 'HAIL'은 Honesty, Authenticity, Integrity, Love를 합쳐 만든 말이다.

Honesty: 말에 있어서 솔직하고 정직하라. be clear and straight

Authenticity: 진실 되고 자연스러운 것 be yourself

Integrity: 말과 행동이 일치해서 누구라도 신뢰할 수 있는 사람이 되어라. be your word

Love: 말을 듣는 상대방이 진심으로 잘되기를 바라는 마음 wish them well

HAIL의 법칙을 참고한다면 상대방이 나의 말에 신뢰하게 될 가능성이 커지고, 우리의 말은 누군가를 감동시켜 일정한 영향력을 퍼뜨리는 말하기가 가능해질 것이다.

'말'에도 품격이 있다

사람의 마음을 울리고, 행동을 변화시키는 좋은 말은 동전의 양면과 다르지 않다. "발 없는 말이 천 리 간다"는 속담처럼 무심코 던진 말 한마디는 세상을 돌아다니면서 주워 담을 겨를도 없이 삽시간에 온 세상으로 퍼져나갈 수 있는 상황에 놓이는 것이다. 이런 우리에게 다산 정약용의 말은 좋은 충고가 될 수 있다. 정약용은 누군가에게 편지 한 장을 쓸 때에도 몇 번을 반복해 읽으면서 남에게 상처가 될 부분이 없는지를 고민하며 고치고 또 고쳐야 한다고 말했다. 심지어 나와 적대관계에 있는 사람이 그것을 읽어도 죄의 빌미가 되지 않을 정도로 정제되어야 한다고 정약용은 말했다. 말도 글처럼 대하는 자세가 필요하다.

조선시대 선비들의 롤모델이었던 '군자君子'는 어떤 사람일까? 군자란 '남이 보건 그렇지 않건 상관없이 몸가짐을 반듯하게 하고, 말과 행동을 올바르게 하는 사람'이다. 아마 군자들은 '아무도 보지 않는데'라면서 함부로 말하고, 멋대로 행동하는 것을 극도로 경계했던가 보다. 군자

"발 없는 말이 천 리 간다."

라고 불리는 사람들은 아마 스스로 자기 자신을 관찰하고 지켜보는 눈을 가졌던 것인지도 모르겠다. 여러분과 필자가 다시금 아름다운 말을 하기로 마음먹는 오늘이 되었으면 한다.

　서양의 대표적인 철학자 아리스토텔레스도 설득의 수단을 화자의 인품, 올바른 태도, 논거라고 이야기했다. 우리가 이 책을 통해 태도나 논거는 업그레이드할 수 있다고 해도 인품은 어쩌면 개인의 문제일 것이다. 하지만 결국 계속해서 이 책에서 전제로 하고 있는 것도 말에 대한 마음가짐이다. 특히 동양권에서는 아직 말만 번지르르하고, 논리만 내세우는 것을 좋지 않게 생각하는 정서가 남아 있다. 보통 누군가의 말을 평가할 때 그 사람이 선한 사람인가 하는 것 역시 언제나 고려하는 요소 중 하나인 것처럼 말이다.

　결국 진정 말을 잘하는 사람은 말로 내뱉은 것을 행동으로 실천하는 사람이고, 그런 사람일수록 타인의 깊은 신뢰를 얻을 수 있다. 그래서 이 책을 내는 순간, 필자도 입에서 나오는 말에 이전보다 훨씬 더 신경을 써야 한다는 것이 마음을 무겁게 하기도 한다. 하지만 그 고행의 길을 기꺼이 걸어가며 여러분에게 더 도움이 되고 희망이 되는 말을 계속 해나가고 싶다.

프랑스 파리에서 테제베 고속전철을 타고 서쪽으로 향하다 보면 큰 배낭을 메고 지팡이를 든 사람들을 어렵지 않게 볼 수 있다. 도시 생 장 피드포르에서 산티아고 순례길의 '프랑스 길'이 시작된다. 이곳에서 예수의 열두 사도 중 하나인 야고보의 유해가 발견되었다는 스페인의 도시 산티아고 데 콤포스텔라까지 800km에 달하는 길고 긴 길이 바로 '산티아고 순례길'이다. 파울로 코엘료의 유명한 소설 《연금술사》도 이 산티아고 순례길의 프랑스 길을 걸으면서 느낀 영감을 바탕으로 쓰인 것으로 알려졌다. 저마다 이런저런 사연을 간직한 세계 각국의 수많은 사람들이 묵묵히 걸음을 계속하고 있는 것으로도 유명하다.

산티아고 순례길을 걷는 이들에게 "왜 이 길을 걷습니까?"라는 질문이 무의미한 것은 누구에게든 인생이란 자기가 의도해서 시작된 것이 아니기 때문인지도 모르겠다. 그 길고 긴 길을 걸으며 저마다의 삶을 돌아보고, 그 힘든 여정이 각기 다른 순례길이 되는 것은 한 길을 오롯이 걷는 힘든 과정이 갖는 귀한 가치 때문일 듯하다. 언젠가 필자도 기회가 된다면 산티아고 순례길을 꼭 걸어보고 싶다.

훌륭한 사람도 가끔 말실수를 저지르고, 평소 신뢰가 별로 없던 사람도 "그렇지, 맞는 말이야"라고 듣는 사람들의 고개를 끄덕이게 만드

MAR CANTABRICO

RONCESAVALLES

SANTIAGO   CEBREIRO   LEON

BURGOS

ESPAÑA

'말을 실천에 옮긴다는 것은
누구나 할 수 없는 순례길……'

는 말을 하기도 한다. '언행일치言行一致'라는 말을 생활신조로 삼고 있
는 사람이 있다는 것은 그만큼 언행일치가 어려운 일이라는 것을 증명
한다. 사람들에게 오래도록 기억되고 심금을 울리는 말은 그 사람의 행
동과 삶의 궤적으로 증명된다. 말은 아무나 쉽게 할 수 있지만, 아무
도 쉽게 할 수 없는 언행일치의 길은 길고 긴 수행의 길인 모양이다. 그
래서 어떤 길을 걷느냐와 무관하게 한눈팔지 않고 오롯이 한길만을 걷
고 있는 사람을 보면 저절로 존경의 마음이 솟아난다.

어떤 삶을 살겠다고 결심하는 것 자체가 결코 쉽지 않은 고민 끝에 나오는 결론이기에 그 자체만으로도 인정받을 만한 가치가 있다. 그 길고도 힘든 길의 첫걸음은 작은 발걸음을 떼는 것에서 시작된다. 앞으로 어떤 삶을 살고, 어떠한 사람이 되겠노라고 입 밖으로 꺼낸 작은 말 하나를 지키고 행동으로 옮기는 긴 여정에 필자도 동참하고자 한다.

필자는 문화·예술을 만지는 소통 전문가가 되고 싶다. 문화·예술은 바쁜 세상에서 사람들이 잊고 있는 그 무언가를 찾게 해준다. 그 의미 있는 일을 해나가는 소통 전문가로 계속 발전해나가며 여러분을 만나고 싶다. 쉽게 내뱉을 수 있는 것 같지만 말에는 값으로 환산하기 어려운 가치가 있다. 그것이 바로 우리 모두가 말 한마디에 실린 무게를 실감해야 하는 이유이기도 하다. 말하기 습관이 중요하다고 하는 이유는 내가 하는 말이 곧 나이기 때문이다. 말 한마디에 담긴 가치와 힘을 깨달을 때 그 사람은 결코 무시할 수 없는 경쟁력을 갖게 될 것이며, 그러한 사람이 많아질 때 우리 사회의 품격 또한 높아질 것을 확신한다.

모든 말하기는 예술이 될 수 있으며, 인간의 모든 삶의 과정 또한 하나의 작품이 될 수 있다. 그 모든 과정이 모여 지금의 필자가 되었고, 이 책 또한 세상에 퍼져나가 누군가의 인생에서 작품과도 같은 순간을 만들어줄 것이라 믿는다. 쉽게 내뱉는 말의 진정한 가치와 의미를 이 책을 통해 조금이라도 생각해보는 계기가 되기를 바란다.

여러분은 충분히 지금보다 더 말을 잘할 수 있다. 여러분 안에 있는 보석을 찾기 바란다. 이 책이 독자분들의 삶의 질을 높이는 데 조금이나마 도움이 되길 기원하고 응원한다.